GUIA PRÁTICO DE
DESIGN EDITORIAL

GUIA PRÁTICO DE
DESIGN EDITORIAL

Criando livros completos

2ª edição revista
e atualizada

Aline Haluch

Editora Senac Rio – Rio de Janeiro – 2018

Guia prático de design editorial © Aline Haluch, 2013.

Direitos desta edição reservados ao Serviço Nacional de Aprendizagem Comercial – Administração Regional do Rio de Janeiro.

Vedada, nos termos da lei, a reprodução total ou parcial deste livro.

SENAC RJ

Administrador
Luiz Gastão Bittencourt da Silva

Diretora Regional
Ana Cláudia Martins Maia Alencar

Diretor Administrativo-financeiro
Sylvio Britto

Diretora de Educação Profissional
Wilma Bulhões Almeida de Freitas

Editora Senac Rio
Rua Pompeu Loureiro, 45/11º andar
Copacabana – Rio de Janeiro
CEP: 22061-000 – RJ
comercial.editora@rj.senac.br
editora@rj.senac.br
www.rj.senac.br/editora

Editora: Daniele Paraiso
Produção editorial: Cláudia Amorim (coordenadora), Andréa Regina Almeida, Gypsi Canetti, Michele Paiva, Patrícia Souza, Victor Willemsens e Vinicius Moura
Projeto gráfico: Aline Haluch | Studio Creamcrackers Design

2ª edição revista e atualizada: novembro de 2018
Impressão: Coan Indústria Gráfica Ltda.

CIP-BRASIL. CATALOGAÇÃO NA PUBLICAÇÃO
SINDICATO NACIONAL DOS EDITORES DE LIVROS, RJ

H184g
2. ed.

Haluch, Aline
Guia prático de design editorial : criando livros completos / Aline Haluch. - 2. ed. - Rio de Janeiro : Senac Rio, 2018.
104 p. ; 23 cm.

Inclui bibliografia
ISBN 978-85-7756-443-9

1. Projeto gráfico (Tipografia). 2. Livros - Diagramação. 3. Editoração. I. Título.

18-53053

CDD: 686.2
CDU: 655.2

*Aos meus alunos do workshop Design
Editorial que originou este livro.*

Um livro é um espelho flexível da mente e do corpo. Seu tamanho e suas proporções gerais, a cor e a textura do papel, o som que produz quando as páginas são viradas, o cheiro do papel, da cola e da tinta, tudo se mistura ao tamanho, à forma e ao posicionamento dos tipos para revelar um pouco do mundo em que foi feito. Se o livro se parecer apenas com uma máquina de papel produzida conforme a conveniência de outras máquinas, só máquinas vão querer lê-lo.

— Bringhurst, 2005

SUMÁRIO

Prefácio   11

Agradecimentos   13

1 Oportunidades de trabalho: o design editorial hoje   15

Breve panorama histórico | Gostar de ler/Gostar de ver | Que tipo de livro será feito?

2 Por onde começar? Organize-se!   27

Vamos começar | O formato do livro | As margens | O diagrama | Estrutura do livro | Inserção de texto | Estilos de parágrafo | Correção de texto (emendas) | Trabalhando o texto | Por que caixa-alta e caixa-baixa? | Entrelinha | Blocos e parágrafos | Hifenização e paginação

3 Trabalhando no arquivo digital   61

Criando um novo documento | Antes de tudo, prepare suas páginas--mestras | Como alojar objetos no pasteboard | Definindo os estilos de texto | O que devemos considerar na criação dos estilos | Checklist para CTP

4 A capa do livro   79

Com tanta subjetividade, precisamos de um pouco de concretude | Estrutura | Imagem e ilustração | O tipo certo para cada expressão | Montando a embalagem completa

5 Acabamentos e recursos gráficos   93

Acabamentos | Tipos de capa | Papéis para impressão | O uso de cores especiais | Brevíssima consideração sobre o projeto editorial para e-books

Conclusão   101

Referências   103

PREFÁCIO

Dizem por aí que os livros vão acabar. Será mesmo? Quando a TV surgiu, impactou os jornalistas, divididos entre os que acreditavam no fim e os que acreditavam que haveria mudança. Ganharam os últimos. Agora é a vez de se preocuparem com a internet, pois muitas revistas estão encerrando suas atividades e os leitores migram cada vez mais para as versões on-line de seus jornais diários.

As mídias eletrônicas auxiliam o acesso imediato aos fatos, e os jornais e revistas não têm como concorrer com essa agilidade. Cabe-lhes agora promover a reflexão, a opinião informada para o leitor. Mas não foi esse o papel tradicional do livro?

Essa maré de mudanças tecnológicas, fascinantes, aliás, coloca os que lidam com produtos editoriais diante de incertezas. As editoras e livrarias tradicionais vivem uma crise comercial muito intensa – a venda de livros em sites de livrarias está aí para brigar pelo espaço onde os livros eram escolhidos pela capa e depois folheados, lidos e apreciados.

As edições extensas substituídas por pequenas tiragens sob demanda deram espaço a editoras independentes que podem optar por experimentações em projetos e nas técnicas de impressão. E tornam-se ainda mais comuns as edições digitais de livros, em que o leitor pode escolher o tipo e o corpo da letra que mais lhe agrada, lendo diretamente na tela de sua preferência.

Para este mundo em transformação, um novo livro se delineia, mas mantém suas raízes na tradição tipográfica. Para o designer que entra nessa área em permanente mudança, a proposta de Aline Haluch de guiá-lo no caminho para um projeto bem-sucedido é uma resposta à pergunta que abre este texto.

Sim, o livro vai existir desde que seu design tenha as características de um bom projeto, que seja agradável e que acompanhe cuidadosamente o leitor na sua aventura pelo texto e pelas imagens desse maravilhoso produto editorial.

Edna Lucia Cunha Lima
Professora adjunta da PUC-Rio – Departamento de Artes & Design

AGRADECIMENTOS

A segunda edição revista e atualizada deste livro ocorre em um novo e desafiador cenário, e meus agradecimentos vão para aqueles que resistem em meio a essa furiosa tempestade:

à Editora Senac Rio, Cláudia Amorim e toda sua querida equipe;
a André Beltrão, a meus filhos, Tito e Miguel, e a toda minha família;
aos meus colegas designers, professores, alunos e editores;
e ainda a Vítor Barreto, Laura van Boekel, Viviane Godoi, Elke Kropotoff, Marco Aurélio Rodrigues, Ricardo Redisch, Rafael Cardoso, Edna Cunha Lima e Alexandre Salomon.

Sigamos resistindo!

OPORTUNIDADES DE TRABALHO: O DESIGN EDITORIAL HOJE

O profissional que quiser trabalhar com design editorial poderá optar pela prestação de serviços como *freelancer* ou com um escritório; como funcionário de uma editora de livros; em jornais; em editoras que publicam revistas; em instituições públicas ou privadas. Para ingressar em instituições públicas é importante estar atento aos editais de concursos, infelizmente escassos na nossa área.

Para trabalhar com editoração hoje, o profissional deverá ter:
- conhecimentos específicos de produção editorial;
- domínio técnico do processo de elaboração de um livro;
- ciência da simbologia de correção dos originais;
- conhecimento de todos os elementos que vão compor o livro – em relação ao miolo e à capa;
- experiência em softwares gráficos e de editoração eletrônica.

O principal programa de editoração eletrônica atualmente é o Adobe Indesign, que uniu o melhor de seus dois antecessores: o Page Maker e o Quark Xpress. O Indesign supera os anteriores em tudo, desde a facilidade na interface, rapidez e precisão até a estabilidade. Outra vantagem de se trabalhar com o pacote Adobe é a facilidade na inserção de elementos entre os diferentes programas.

Para trabalhos gráficos, os softwares mais utilizados são o Adobe Illustrator, para ilustração vetorial, e o Photoshop, para edição de imagens.

O trabalho do designer de capas de livros e do designer de livros (miolo) é bem diferente – há profissionais específicos em cada área, e alguns que realizam o trabalho completo. Desenvolver um livro completo – capa, projeto gráfico de miolo e sua diagramação – é desafiador, mas muito prazeroso.

Breve panorama histórico

De acordo com Emanuel Araújo (1986), em sua obra fundamental *A construção do livro*, o conceito do editor como a pessoa encarregada de "organizar, selecionar, normalizar, revisar e supervisar, para publicação, os originais de uma obra e, às vezes, prefaciar e adotar textos de um ou mais autores" se mantém apenas na língua inglesa. Na língua portuguesa e em outros idiomas latinos, o sentido corrente do editor corresponde à figura que tem a responsabilidade comercial sobre o livro (o equivalente ao *publisher*, na língua inglesa) – como o lançamento, a distribuição e até a venda do livro.

> O significado original, conservado no latim, justifica, destarte, a compreensão da palavra como se emprega em inglês, qual seja, a de pessoa encarregada de *produzir*, dentro de padrões literários e gráfico-estéticos, uma obra destinada a divulgação comercial. Nesse sentido, pelo menos, acha-se consignado o termo "editor" numa obra publicada pela Unesco "pessoa responsável pelo conteúdo ou pela preparação da publicação de um documento para o qual pode ou não ter contribuído" (Araújo, 1986).

O editor, então conhecido como preparador de originais, aparece historicamente desde o século III a.C. como responsável pela edição dos textos a serem transcritos pelos copistas. A transmissão era basicamente oral, e o livro alcança sua função com as obras de prosa e tragédia que estimulavam a produção de textos.

Os livros e seu comércio começam a desenvolver-se no século IV a.C.

> Com o aumento do mercado leitor surgiram as profissões estritamente associadas ao livro: o copista (bibliográphos), o especialista em pintar letras capitais (kalligráphos) e o livreiro (bibliopóles) (Araújo, 1986).

Por volta de 290 a.C., Ptolomeu I fundou a Biblioteca de Alexandria que, por mais de dois séculos, exerceu profunda influência nos caminhos da editoração até sofrer um incêndio, em 47 a.C, que a destruiu. Os primeiros editores da biblioteca de Alexandria tomaram para si a responsabilidade de estabelecer normas e padrões para a criação e reprodução das obras, ainda feitas à mão pelos copistas. Os livros eram transcritos por copistas profissionais que reproduziam em grupo um texto ditado por uma só pessoa. Com isso, havia inúmeras variações da mesma obra.

No século II d.C., foi inventado o códice (códex), que rapidamente substituiu o rolo de papiro na confecção dos livros. Assim, difundiu-se também o pergaminho, mais resistente que o papiro, costurado de modo a formar cadernos de três ou quatro folhas numeradas, outra grande novidade. A adoção do códice foi tão fundamental que é considerada tão ou mais importante que a invenção dos tipos de Gutenberg, pois gerou mudança formal definitiva para o livro (Araújo, 1986).

No Ocidente acredita-se que o maior impulso de recuperação e produção de textos se deu graças à iniciativa dos monges, que estenderam sua iniciativa por toda a Europa até o século XV. Na Idade Média, nos mosteiros e abadias, procurou-se recuperar os textos clássicos por meio das cópias e criar os compêndios e enciclopédias em diferentes áreas do conhecimento (Araújo, 1986).

Os monges desenvolveram um grande trabalho de compilação de manuscritos: copiaram, ilustraram e criaram padrões visuais para que as obras ficassem o mais parecidas possível entre si. Além desses padrões, criou-se uma dinâmica de trabalho entre eles: havia os monges, que pautavam as folhas e as dobravam; os copistas, que eram em maior número; e o supervisor editorial. As obras mais complexas iam para a mão dos monges mais habilidosos, e os detalhes especiais eram feitos pelos iluminadores ou miniaturistas. Por fim, a obra seguia para o encadernador, que montava e costurava as páginas (Araújo, 1986).

As primeiras editoras datam do século XVI, mas só a partir da metade do século XVIII elas se consolidaram nos principais centros urbanos. Foi quando as funções do publicador e do impressor se separaram – exigência dos tempos da Revolução Industrial que trouxeram ainda os diversos avanços tecnológicos na área editorial. A apresentação do

livro acompanhou esses progressos nas pesquisas de tipos de Baskerville, Didot e Bodoni e também nas reproduções de ilustrações em xilogravura, talho-doce, água-forte, litografia e, mais tarde, a fotografia.

No Brasil, é oficialmente a partir de 1808 que a família real chega por aqui e D. João VI autoriza a montagem da Impressão Régia no Rio de Janeiro. Antes disso a impressão de livros e periódicos era proibida e quem a transgredia tinha sua pequena imprensa fechada.

Em meados do século XIX, no Rio de Janeiro, alguns europeus fundaram filiais de gráficas de renome em Paris – Laemmert (Livraria Universal e Tipografia Laemmert), Villeneuve (A Imperial Tipografia), Leuzinger (Casa Leuzinger), Ogler – e a casa editorial Garnier (Livraria Garnier).

Logo depois da Primeira Guerra Mundial ocorre a afirmação da indústria editorial brasileira, que se profissionaliza cada vez mais nas décadas de 1960 e 1970. As principais editoras têm um departamento editorial que controla todo o fluxo dos originais e que contrata o serviço do designer para projetos de capa e miolo. Além disso, as editoras com maior demanda têm equipes internas de design, editoração e produção gráfica.

Gostar de ler/Gostar de ver

O design de livro é diferente de todos os outros tipos de design grá-fico. O trabalho real de um designer de livro não é fazer as coisas parecerem "legais", diferentes ou bonitinhas. É descobrir como colocar uma letra ao lado da outra de modo que as palavras do autor pareçam saltar da página. O design de livro não se deleita com sua própria engenhosidade; é posto a serviço das palavras. Um bom design só pode ser feito por pessoas acostumadas a ler — por aquelas que perdem tempo em ver o que acontece quando as palavras são compostas num tipo determinado.

Hendel, 2003

Um exercício rápido

Quando estamos fazendo os estudos do projeto gráfico do livro, levamos um tempo considerável escolhendo o tipo que utilizaremos no corpo do texto e nos demais elementos textuais que podem ter outra tipografia – como nas notas de rodapé, legendas, créditos etc. Isso demanda realmente um tempo grande até termos certeza de que determinada tipografia se encaixa naquele projeto gráfico. A tipografia pode ajudar a reforçar o sentido do texto e define o caráter do livro. Livros clássicos têm seu sentido reforçado com uma tipografia clássica – Garamond ou Baskerville; o mesmo acontece com um livro de conteúdo de vanguarda, que pode utilizar fontes desconstrutivistas, por exemplo.

Um dos exercícios que fazemos é compor um parágrafo em determinados tipos (quatro tipos com desenhos bastante diferentes) e compará-los em questões relativas à legibilidade, mancha, cor, peso, considerando o desenho do tipo, corpo e entrelinha. O que preferimos? O que é mais legível, mais agradável?

A revista ilustrada *A Maçã* foi lançada no dia 11 de fevereiro de 1922 no Rio de Janeiro e rapidamente se tornou um sucesso de vendas, esgotando seu primeiro número. *A Maçã* era uma publicação galante, dirigida ao público masculino, e trazia como âncora o espírito satírico que o escritor Humberto de Campos cultivava desde 1917 nos contos do Conselheiro XX. Os onze volumes publicados com esse pseudônimo transformaram-no em autor de sucessos, de altas vendagens, mas renderam-lhe também duras críticas. Por muito tempo foram mal-vistos como literatura licenciosa. Conforme afirma seu biógrafo: "Os mesmos lábios que riam quando eram lidas as suas anedotas, repeliam-nas à frente dos outros, tachando-as de imoral" (Picanço, 1937). Mesmo assim, em maio de 1920, Humberto de Campos ingressou na Academia Brasileira de Letras, aos 33 anos. Gradativamente, foi colecionando críticas, ao mesmo tempo que obtinha um sucesso estrondoso com o público que consumia avidamente seus contos satíricos.

Minion Regular 11/12

A revista ilustrada *A Maçã* foi lançada no dia 11 de fevereiro de 1922 no Rio de Janeiro e rapidamente se tornou um sucesso de vendas, esgotando seu primeiro número. *A Maçã* era uma publicação galante, dirigida ao público masculino, e trazia como âncora o espírito satírico que o escritor Humberto de Campos cultivava desde 1917 nos contos do Conselheiro XX. Os onze volumes publicados com esse pseudônimo transformaram-no em autor de sucessos, de altas vendagens, mas renderam-lhe também duras críticas. Por muito tempo foram mal-vistos como literatura licenciosa. Conforme afirma seu biógrafo: "Os mesmos lábios que riam quando eram lidas as suas anedotas, repeliam-nas à frente dos outros, tachando-as de imoral" (Picanço, 1937). Mesmo assim, em maio de 1920, Humberto de Campos ingressou na Academia Brasileira de Letras, aos 33 anos. Gradativamente, foi colecionando críticas, ao mesmo tempo que obtinha um sucesso estrondoso com o público que consumia avidamente seus contos satíricos.

Minion Condensed 12/18

A revista ilustrada A *Maçã* foi lançada no dia 11 de fevereiro de 1922 no Rio de Janeiro e rapidamente se tornou um sucesso de vendas, esgotando seu primeiro número. A Maçã era uma publicação galante, dirigida ao público masculino, e trazia como âncora o espírito satírico que o escritor Humberto de Campos cultivava desde 1917 nos contos do Conselheiro XX. Os onze volumes publicados com esse pseudônimo transformaram-no em autor de sucessos, de altas vendagens, mas renderam-lhe também duras críticas. Por muito tempo foram mal-vistos como literatura licenciosa. Conforme afirma seu biógrafo: "Os mesmos lábios que riam quando eram lidas as suas anedotas, repeliam-nas à frente dos outros, tachando-as de imoral" (Picanço, 1937). Mesmo assim, em maio de 1920, Humberto de Campos ingressou na Academia Brasileira de Letras, aos 33 anos. Gradativamente, foi colecionando críticas, ao mesmo tempo que obtinha um sucesso estrondoso com o público que consumia avidamente seus contos satíricos.

Minion Condensed 12/14

A revista ilustrada A *Maçã* foi lançada no dia 11 de fevereiro de 1922 no Rio de Janeiro e rapidamente se tornou um sucesso de vendas, esgotando seu primeiro número. A Maçã era uma publicação galante, dirigida ao público masculino, e trazia como âncora o espírito satírico que o escritor Humberto de Campos cultivava desde 1917 nos contos do Conselheiro XX. Os onze volumes publicados com esse pseudônimo transformaram-no em autor de sucessos, de altas vendagens, mas renderam-lhe também duras críticas. Por muito tempo foram mal-vistos como literatura licenciosa. Conforme afirma seu biógrafo: "Os mesmos lábios que riam quando eram lidas as suas anedotas, repeliam-nas à frente dos outros, tachando-as de imoral" (Picanço, 1937). Mesmo assim, em maio de 1920, Humberto de Campos ingressou na Academia Brasileira de Letras, aos 33 anos. Gradativamente, foi colecionando críticas, ao mesmo tempo que obtinha um sucesso estrondoso com o público que consumia avidamente seus contos satíricos.

Helvetica Neue 11/13,2

Quando fazemos esse exercício no workshop, nunca há um consenso, então talvez um parágrafo seja mesmo pouco para se ter certeza. A maioria das pessoas prefere a terceira e a quarta opções, textos com um tipo e espacejamento mais proporcional e legível. A segunda opção, embora tenha o mesmo tipo da terceira (a favorita), tem uma entrelinha grande demais, que incomoda os leitores.

Apesar de a leitura ser "horizontal", nossos olhos não leem letra por letra nem palavra por palavra, mas os agrupamentos que sugerem as formas das palavras e as sentenças. Dessa maneira, precisamos de espaço para ler, precisamos das "entrelinhas" para perceber a forma da frase. Do contrário, quando a entrelinha é muito pequena, nosso olho se confunde e nos perdemos entre uma linha e outra. Dependendo do livro, isso pode nos levar à desistência ou a demorar o dobro do tempo para lê-lo.

Lorem ipsum dolor sit amet, consectetur adipiscing elit. Ut id semper tortor. Integer felis libero, elementum sed est at, ornare tristique ipsum. Suspendisse ut semper neque. Etiam urna arcu, laoreet non maximus eu, dapibus a lorem. Donec vehicula pretium est, eget commodo turpis fringilla a. Phasellus tristique, felis at fermentum elementum, tortor orci dictum enim, sit amet maximus libero purus in urna. Proin placerat tortor sit amet erat porttitor finibus.

Lorem ipsum dolor sit amet, consectetur adipiscing elit. Ut id semper tortor. Integer felis libero, elementum sed est at, ornare tristique ipsum. Suspendisse ut semper neque. Etiam urna arcu, laoreet non maximus eu, dapibus a lorem. Donec vehicula pretium est, eget commodo turpis fringilla a. Phasellus tristique, felis at fermentum elementum, tortor orci dictum enim, sit amet maximus libero purus in urna. Proin placerat tortor sit amet erat porttitor finibus.

Que tipo de livro será feito?

Livro-texto

Compõe-se apenas de texto, sem ilustrações – no máximo gráficos, tabelas e uma ou outra vinheta. Para esse tipo de livro, precisamos nos concentrar basicamente no tipo e em seus espaços: entrelinha e margens.

46
O LIVRO DA METAFICÇÃO

Esse ser tão perseguido mas nunca encontrado, essa identidade tão estudada mas sempre indefinida também encontra expressão no célebre título do capítulo XI das *Memórias póstumas de Brás Cubas*, de Machado de Assis: "O menino é o pai do homem". Normalmente pensamos em um homem que, com a idade e a companheira apropriada, pode ser pai de um menino — mas não pensamos, como Machado, que um menino pode ser o pai do homem que ele mesmo será um dia, gerando-o com suas ações e omissões, com suas palavras e seus silêncios, desde bem pequeno. Num mesmo indivíduo dividem-se, paradoxalmente, várias possibilidades de ser.

A ficção que chama a atenção sobre a sua própria condição ficcional mobiliza os mesmos labirintos e termina por levantar questões relevantes sobre a realidade mesma — ou melhor, sobre os nossos conhecimento e desconhecimento da realidade. De acordo com Patricia Waugh, "ao criticar seus próprios métodos de construção, tais escritos não examinam apenas as estruturas fundamentais da ficção narrativa, eles também exploram a possível condição ficcional do mundo externo ao texto ficcional" (Waugh, 1984, p. 2 — "In providing a critique of their own methods of construction, such writings not only examine the fundamental structures of narrative fiction, they also explore the possible fictionality of the world outside the literary fictional text").

Questiona-se então se a realidade não seria já da ordem da ficção, ou seja, se o conhecimento que se tem da realidade não poderia ser senão ficcional. Se essa formulação radical for verdadeira, a consciência tem como objeto a si mesma — ou, dizendo de outro modo, a consciência é feita de consciência. A reflexão teórica sobre a literatura se amplia para uma reflexão filosófica sobre o mundo e sobre como o construímos para esconder o nosso desconhecimento dele.

O livro da metaficção
Editora Tinta Negra
2009

Livro ilustrado

O livro ilustrado é composto de textos e imagens, as quais poderão ser fotografias ou ilustrações. Para esse tipo de obra a complexidade aumenta principalmente pela necessidade de fazer a imagem acompanhar o texto, pois esse é o sentido – a mensagem visual reforça a mensagem verbal. Aqui, o grid, que é essencial para qualquer livro, torna-se imprescindível.

ILO KRUGLI

Ilo Krugli é um multiartista, mestre do imaginário e dos sonhos. Fundou o grupo de Teatro VentoForte e resiste com ele a todas as ventanias e tempestades.

O teatro é um processo educativo que prepara a vida?

Na vida dos seres florescem ou se ocultam vivências, entre processos e acontecimentos, este é um caminho que se inicia na criança individual e coletiva, mas não tem uma sequência linear, metodológica, que aos 4, aos 10, aos 20, aos 40 ou muito mais, que diferencia.

Talvez com a arte mais contemporânea se construa com tempos que se precipitam ou recuam ou ainda que dependem das nossas respostas mais espontâneas, das marcas mais emocionais, quase no projeto existencial, biográfico, em que somos atores e espectadores. "O existencial do nosso século." Mas ainda tem um existir pré-histórico dentro do inconsciente, à flor da pele... Um dia me fizeram uma pergunta no Presidio da Frei Caneca, Rio de Janeiro; um detento, quero dizer, um homem preso, que se chamava David, e que era quase um líder entre os companheiros. Foi após o espetáculo "Histórias de Lenços e Ventos". A pergunta foi: "Eu gostaria de saber como era o quintal onde você passou sua infância?" Para mim talvez tenha sido a pergunta mais séria e até mais emocionante em toda a minha caminhada com o grupo Ventoforte... E eu coloco em confronto no espelho do teatro infantil, com outra frase de uma criança de 8 ou 9 anos, dentro de um espetáculo de participação, "Sete Corações Poesia rasgada". A peça tinha atores que eram poetas, outros eram guardas que – "por ordem do rei ou nem sabemos quem" – perseguiam os poetas, como já tinha acontecido com Garcia Lorca. Eu já tinha sido fuzilado, e estava morto no chão, mas com esperanças porque sendo o autor, sabia que só fazendo pequenos poemas improvisados no ouvido, renasciam os fuzilados. No entanto se escutava essa criança debatendo e discutindo com um dos atores-guardas: "–Vocês não podem fuzilar todos os poetas, porque não poderão matar os que ainda não nasceram."

Aí... Eu tenho apenas a vontade de responder que o teatro para crianças é o "contraponto" mais feliz e surpreende, sobretudo, quando a criança ou o adulto se abre com coração para esse momento.

Catálogo do teatro infantil
Editora Aeroplano
Funarte 2009

Livro de arte

Constituído de imagens e textos que, normalmente, entram como legendas ou em pequeno volume. O que se quer destacar é a imagem.

*Carlos Vergara – viajante: experiência de São Miguel
das Missões: catálogo da exposição*
Sesc 2012

Carlos Vergara – viajante: experiência de São Miguel
das Missões: catálogo da exposição
Sesc 2012

Livro do artista

Um artista desenvolve conceitualmente um livro e monta um ou mais exemplares únicos. Não é uma produção em massa, pode até ser uma série, mas de pequena tiragem. Nesse tipo de livro, podemos encontrar todo tipo de material.

Nosso objeto de trabalho serão os livros-texto e os livros ilustrados.

POR ONDE COMEÇAR? ORGANIZE-SE

1. Receber os originais.

2. Fazer o *briefing* do livro.

O *briefing* é a etapa fundamental na criação de qualquer projeto. É quando você define junto com o editor o conceito do livro, o formato, a quantidade de cores, o número de páginas, os acabamentos e o tipo de papel a

> **Originais** são os textos escritos pelo autor e revisados pela editora. A etapa de preparação de textos feita pela editora é chamada de copidesque (*copydesk*) e é o momento em que o revisor uniformiza o texto, eliminando vícios de linguagem, repetições de palavras e erros ortográficos, mas mantendo o estilo do autor.

ser utilizado. Muitas vezes o formato e a quantidade de páginas já virão definidos para o designer, outras vezes cabe ao designer ajudar a definir esses itens.

As informações que o editor deverá passar ao designer são: título do livro, nome do autor e logotipo da editora que deverão ser utilizados na folha de rosto. Com isso e o texto fornecido no formato .doc (em Word ou outro editor de texto), é possível iniciar o projeto gráfico.

3. Ler os originais ou parte deles.

Dependendo do livro, é essencial que seja lido por completo – no caso de um romance, por exemplo. Em outros casos – livros técnicos, instrumentais etc. – o sumário, a introdução e o primeiro capítulo já nos dão noção do que se trata aquele livro.

4. Iniciar o projeto gráfico.

Há muitas maneiras de projetar, e cada designer encontrará seu método de trabalho mais eficiente. Muitos já não utilizam o rafe à mão para fazer os estudos e partem direto para o computador. Independentemente disso, é por meio do formato do livro que definiremos sua estrutura: modulação, grid e margens. A modulação é uma divisão proporcional da página em módulos para, em seguida, serem definidas as margens, e assim, a mancha de texto.

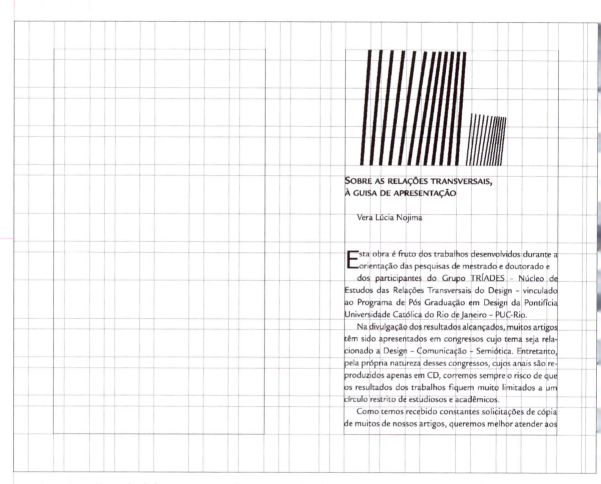

Exemplo de livro-texto com diagramação simples.
Modulação 12 x 12, com 5 mm de espaço entre eles.

Design, comunicação e semiótica
2AB Editora
2010

29

RENATO FERRACINI,
coordenador do LUME –
Núcleo Interdisciplinar de Pesquisas
Teatrais da Unicamp. Graduado em Artes
Cênicas pela Unicamp (1993), é doutor
em Multimeios também pela Unicamp.

SOLO = COLETIVO

Seria demasiado simplista relacionar a alta produção de solos (também chamados monólogos) somente à questão da falta de verbas, dificuldades financeiras ou ainda a uma negação ao conceito de companhias. Um primeiro perigo em afirmar essa relação causa-efeito muito rigorosa é gerar um pano de fundo no qual os solos são tratados como uma produção menor. Ora, já que não temos verba para criar um espetáculo grande e de impacto, já que não temos suporte para realizar uma produção relevante, façamos um simples solo! Ou ainda: já que não conseguimos ter uma companhia e conviver em grupo para realizar produções espetaculares de alto teor ideológico e estético, façamos um simples solo! O contraponto disso é óbvio: se os solos podem ser considerados uma produção menor, ou gerados somente em relação a uma falta de verba ou ao esvaziamento da produção de companhias, estabelecemos uma hierarquia de produtividade: as grandes produções fomentadas e patrocinadas e/ou os espetáculos de grupos consagrados seriam considerados os espetáculos "sérios", efetivos, relevantes esteticamente, enquanto os solo seriam somente frutos de uma crise financeira, estética e do modo de produção espetacular. Essa visão tacanha sobre uma produção relevante como os solos oblitera um pensamento mais verticalizado sobre suas funções estéticas, sociológicas, antropológicas e ontológicas. Diminui a possibilidade de pensarmos o solo como um tipo de produção específica, em nada inferior ou situada em um território menor. Não quero afirmar com isso que todo solo, somente por ser solo, já possui uma relevância estética. Mas da mesma maneira, seria impossível predizer que um espetáculo gerado por uma grande companhia fomentada garante sua qualidade de produção.

Essa hierarquização moral e preconceituosa da produção teatral, por si mesma, já seria motivo de crítica e questionamento. Além disso, podemos verificar que os argumentos que suportam esse pensamento perdem força em sua própria base, já que, ao realizarmos um breve sobrevoo em exemplos de fomento e produção de companhias e coletivos, essa suposta crise das companhias não está tão clara. Citarei dois exemplos:

1) Na cidade de São Paulo verificamos que não há, em realidade, uma crise ou esvaziamento da produção das companhias: a Lei de Fomento do Município dá prioridade para o fomento a grupos longevos, estabelecidos e de pesquisa, o que estimula a produção de espetáculos das companhias formadas e incentiva a geração de novos coletivos.

2) Em nível federal temos o Programa Petrobras Cultural, com editais específicos de circulação e processos criativos direcionados a companhias estabelecidas de teatro.

Enfim, os exemplos poderiam ser muitos, mas vou me ater apenas a esses dois. Portanto, as companhias brasileiras de teatro e dança reconhecidas nacional e internacionalmente em todas as regiões do país seguem com produções de fôlego e vão muito bem, obrigado! Paralelamente, a produção de solos não somente acontece de maneira potente como parece crescer a cada ano. Então, por que isso ocorre?

O miolo da estória
Santa Ignorância Cia. de Arte (MA)
Foto: Ayrton Valle

Exemplo de livro-texto com diagramação complexa. Modulação 12 x 12, com 5 mm de espaço entre eles. Em projetos de diagramação complexa, a modulação ajuda no posicionamento do texto principal, de imagens, legendas, paginação e cabeços, e textos em destaque.

Palco Giratório: circuito nacional
Sesc
2013

Muitos acham que essa etapa é dispensável e partem para a definição das margens. Cada vez mais a modulação é fundamental, sobretudo quando trabalhamos em mais de um livro ao mesmo tempo e precisamos ser ágeis e criativos. O grid não aprisiona o projeto do livro, mas torna seu layout mais limpo e proporcional. Nesse momento podemos fazer experiências de modulação, de margem e do formato da mancha mais adequado ao texto, sem nos preocupar com medidas em milímetros ou paicas.

Para iniciar o projeto, podemos considerar então:

- Definir o formato do livro (16 cm x 23 cm, por exemplo).
- Definir a modulação (12 módulos, por exemplo).
- Selecionar as páginas iniciais + um capítulo para fazer os estudos do projeto gráfico: tipografia, estilos, hierarquias, cabeços e fólios (paginação), aberturas de capítulos, entradas de ilustrações – e, se houver, títulos e subtítulos. É nessa etapa que se leva mais tempo, pois são necessários pelo menos dez dias para definir o melhor caminho.
- Selecionado o padrão escolhido para as páginas iniciais e um capítulo completo, deve-se estabelecer os parâmetros de notas, referências bibliográficas, índices, listas de ilustrações etc.

Quando o livro tiver ilustrações, devemos considerar:

- A margem de proteção da ilustração em relação aos blocos de texto e às legendas.
- Se será impresso em apenas uma cor ou em mais de uma, o que pode exigir preparação diferente das imagens.
- Privilegiar as páginas ímpares e a lateral externa para uso da ilustração.
- Fazer com que a imagem caminhe junto com o texto; uma boa modalação pode ajudar a resolver essa tarefa difícil.

Vamos começar

Quando recebemos o original do editor para trabalhar no projeto gráfico, precisamos deixar a ansiedade de lado e, antes de pensar no design, ler o texto. Isso é necessário? Sim, é essencial. Quanto mais nos acostumarmos a ler os originais e percebermos neles as diferenças de estilo de cada autor, mais poderemos projetar buscando um design que faça sentido àquele texto. Não precisamos nos aprisionar a um ou outro estilo, mas usar elementos que sutilmente reforcem o sentido do texto. Além disso, talvez seja útil saber para quem o assunto é destinado: adolescentes, idosos, pesquisadores, público em geral, artistas, designers... Isso faz diferença! Por exemplo, um tipo que pode ser convencional para um artista talvez seja arrojado demais para um historiador especializado em manuscritos medievais.

Devemos ter em mente o custo final desejado e o número de páginas que o editor pretende utilizar naquele livro. Isso é importante para não exagerarmos na entrelinha, nas margens e no tamanho do tipo. Normalmente o editor conta com essa estimativa antes do design, e é importante sabermos disso para não trabalharmos em dobro ao refazer o livro para caber no orçamento.

© 2018 iStockphoto LP

Nem tudo são flores no design editorial, por isso criamos o boxe **trabalho espinhoso**, que relata alguns daqueles trabalhos dos quais não podemos nos esquecer – não pelo prazer e o resultado, mas pelo trabalho brutal que deram.

TRABALHO ESPINHOSO 1

Fui chamada à editora para uma reunião – primeiro projeto de um livro completo: capa, miolo e diagramação. O editor falou sobre o livro e a autora, uma conhecida historiadora, pessoa culta e muito exigente. Passou-me o briefing e o texto para trabalhar. Pediu um livro bonito e arejado, uma exigência da autora. Trabalhei por uma semana, experimentando grids, tipografias, tudo como manda o figurino. No dia da apresentação com a autora, ela adorou e aprovou o projeto imediatamente. Era só elogios. "Pode tocar a diagramação!" Pois bem, com o arejamento e as margens generosas, o livro ficou grande, chegando a mais de 300 páginas. O editor, quando viu, caiu para trás! "O quê??? Temos de reduzir isso, o livro precisa fechar em no máximo 240 páginas, já foi especificado no orçamento!" E por que ele não me deu essa informação? Porque eu, na minha empolgação e inexperiência, nem perguntei... Resultado, precisei reduzir o livro e, para isso, as margens, a entrelinha e tudo o mais. O livro não chegou a ficar feio, mas saiu diferente do que a autora aprovou, e ela, quando o viu, ficou irritadíssima, com toda razão.

Sempre pergunte se já há uma estimativa para o número de páginas. Isso é fundamental na formação de preço do livro.

O formato do livro

Muitas vezes o formato do livro já estará definido quando vier para as mãos do designer. Devemos, então, trabalhar no espaço da página considerando as margens adequadas, o tipo que ofereça leitura confortável e que tenha um desenho especial, enfim, todos os elementos que vão compor a publicação.

Os livros podem ter qualquer forma, mas o retângulo vertical se tornou padrão tanto em decorrência do costume quanto da praticidade. Desde a época de Gutenberg são feitos no formato de retângulos verticais, que seguem aproximadamente, sem muita precisão, o Número Áureo (1 : 1,618), conceito renascentista de proporção ideal.

Os fabricantes de papel e os impressores padronizaram alguns formatos, o que tornou os alternativos mais caros e menos práticos.

Os livros são impressos em grandes folhas de papel que, em seguida, são dobradas para formar os cadernos de 8, 16, 32 ou 64 páginas. No caso de um caderno de 8 páginas, 4 são impressas de um lado e 4 impressas do outro lado da folha de papel. Deve-se sempre considerar o múltiplo de 8, e, em alguns casos, é possível fazer um caderno de 4 páginas para não haver páginas em branco no final da obra.

Os livros devem ser produzidos com o mínimo de desperdício possível, a fim de possibilitar ao editor vendê-los por um preço razoável. Qualquer elemento que varie um pouco influenciará no custo final. Dependendo do livro, pode valer a pena investir em um acabamento especial, formato, corte etc.

Os formatos mais usuais no mercado editorial brasileiro são (em centímetros): 13,8 x 21 (14 x 21), 15,7 x 23 (16 x 23), 16,8 x 24 (17 x 24), 21 x 28. Há também os formatos quadrados: 18 x 18, 21 x 21 etc.

As gráficas e editoras podem ajudar a definir formatos especiais com melhor aproveitamento de papel sem que haja muita perda de material.

A seguir, mostramos como um caderno de 16 páginas é impresso. Chamamos esse processo de imposição de cadernos.

página 14

e um máximo de compreensão do público para o qual se destina a mensagem.

O estudo de Silvina Crenzel e Luciana Claro, realizado sobre a significação das cores e desenhos na ilustração de histórias infantis, é uma prova tácita de que todo ato de linguagem é constituído nas tensões de uma situação concreta de interação. Aplicada a vinte e três crianças, entre quatro e cinco anos de idade, a pesquisa buscou identificar a existência de preferências de cores pelo público infantil. Como base para o experimento, uma figura foi cromaticamente alterada em sete versões. Cada criança participou da pesquisa individualmente. Os resultados obtidos poderão subsidiar futuros trabalhos de Design Gráfico.

O texto de Wagner Bandeira apresenta um estudo sobre a significação de sacralidade de páginas religiosas em projetos de websites. Os elementos visuais usados na construção do espaço virtual são fundamentais no estabelecimento de seu sistema simbólico sagrado. O exame de três páginas emblemáticas, que representam segmentos bastante distintos da religião cristã, ilustra como sua elaboração pode reforçar ou obstruir as relações de sacralidade que essas instituições promovem em seus espaços de culto.

O trabalho de Luiz Carlos do Carmo Motta, resultado de uma pesquisa apoiada por recursos do Edital Universal do [...] [...] pesquisa [...] [...] Design Inst[...] [...] ar-tic[...] [...] cas sob[...] [...] ásio (1995, 2000 e 2003), associadas aos estudos das estruturas semióticas de conhecimento de Robert Gudwin (1996, 2002), com os paradigmas dos macro-contextos

página 3

vera lúcia nojima
licinio de almeida junior
organização

design
comunicação
e semiótica

Estudo e pesquisa das relações transversais

VERA LÚCIA NOJIMA
LICINIO DE ALMEIDA JUNIOR
IVAN FE[...]
MIQUE[...]
SILVINA [...]
LUCIANA [...]
WAGNER [...]
LUIZ CARLOS DO CARMO MOTTA
ALEXANDRE FARBIARZ
JACKELINE FARBIARZ
MÁRCIA PONCE DE LEON

2AB EDITORA

página 4

© Todos os direitos reservados à 2AB Editora Ltda.

A reprodução deste livro, na íntegra ou em parte, é a maior contribuição que você pode dar para que nós, brasileiros, deixemos novamente de ter uma bibliografia sobre design.

Editor Vítor Barreto
Revisão Celina Karam
Capa, projeto gráfico Aline Haluch | Studio Creamcrackers
e diagramação

www.2ab.com.br
Impresso no Brasil. *Printed in Brasil.*
Agosto 2010

DADOS INTERNACIONAIS PARA CATALOGAÇÃO NA PUBLICAÇÃO (CIP)

D487
Design : comunicação e semiótica : estudo e pesquisa das
relações transversais / Vera Lúcia Nojima ... [et al.] - Rio de Janeiro :
2AB, 2010.
168p. : il. ; 21cm.

Inclui bibliografia.
ISBN 978-85-86695-53-7

página 13

nicação entre as áreas do conhecimento e promove o processo de (re)integração e de retroalimentação das diversas dimensões dos saberes.

O texto de Licinio Nascimento de Almeida Junior tem o propósito de contextualizar o entendimento do Design enquanto ocupação profissional. Adota como parâmetro a nova Classificação Brasileira de Ocupações do Governo Federal e verifica que a descrição estabelecida pode levar a interpretações equivocadas, estereotipando a ocupação "designer" para a sociedade, já que se trata da classificação utilizada em documentos oficiais. O estudo demonstra que a dificuldade em delinear os termos parte das características interdisciplinares do Design, sobretudo, como uma área que carece de um debate epistemológico mais aprofundado.

O artigo de Ivan Ferreira procura fazer uma reflexão sobre a degradação do meio ambiente e a perda do limite entre o público e o privado à luz de vários autores, da ética, do capital, fazendo referência às leis e reportagens sobre a questão, incluindo um filme relevante sobre o assunto realizado por Fellini em 1961. As empnas dos altos edifícios das grandes e médias cidades estão sendo cobertas por painéis. Há simpatia por parte da população quanto a sua aceitação, mas também perplexidade e discordância entre designers,

O texto [...]
abordagem [...]
avaliação [...]
de uma a [...]
sional envolvido com a criação de conteúdo para a web na tarefa de comunicar com um mínimo de perda e de ruído

sua vida assume um peso existencial. (Barbier, 1998)

GUIA PRÁTICO DE DESIGN EDITORIAL

design, comunicação e semiótica

– os processos de planejamento pesquisa e projeto de Design devem considerar: a relação que o usuário estabelece com o objeto; a relação do produto com a história do usuário, suas expectativas ou seus desejos; os aspectos de motivação, que determinam o uso do objeto; a contribuição do objeto na explicitação da identidade do usuário; os modos como o objeto funciona como veículo de comunicação; o papel do objeto como elemento de integração social.

Nessa perspectiva, foram reunidos aqui os trabalhos apresentados no 7º Congresso Brasileiro de Pesquisa & Desenvolvimento[1].

O Congresso Brasileiro de Pesquisa & Desenvolvimento em Design é um congresso bienal, de caráter interdisciplinar, promovido pela Associação de Ensino de Design do Brasil – AenD/BR – em parceria com a revista Estudos em Design e as diversas universidades brasileiras onde há curso de graduação e pós-graduação na área. Congrega designers pesquisadores e pesquisadores de outras áreas que têm como preocupação comum a pesquisa, a promoção e o desenvolvimento da produção científica em Design no Brasil. O P&D Design 2006, de onde foi originado o material desta coletânea, ocorreu na cidade de Curitiba-PR, entre 9 e 11 de agosto de 2006.

página 12

DEDICATÓRIA

página 5

Aos meus pais, Nilza Benedita Xavier de Almeida e Licinio Nascimento de Almeida

Licinio de Almeida Junior

Sumário

SOBRE AS RELAÇÕES TRANSVERSAIS, À GUISA DE PREFÁCIO, 9
Vera Lúcia Nojima

IDIOSSINCRASIAS DO DESIGN, 19
Licinio de Almeida Junior

CERVEJA, ÉTICA, CIDADES E FELLINI, 36
Ivan Ferreira

SEMIÓTICA E USABILIDADE NA AVALIAÇÃO DE UMA HOME PAGE BRASILEIRA, 52
Jacques Chueke

O LIVRO INFANTIL NO SÉCULO XXI, 70
Silvina Crenzel
Luciana Claro

página 6

à apreensão dos efeitos que esses possam produzir, a comunicabilidade exigida e desejada, numa perfeita semiose.

Essa semiose, a partir da validade dos princípios de Charles Sanders Peirce, atende a noções de uma primeiridade icônica, de um segundo indicial e de um terceiro a construir um símbolo, por sua vez renovável, a cada novo olhar primeiro... O terceiro simbólico, coerentemente com as lições peirceanas, significa um momento de uma construção de leitura, que se pode abrir como um primeiro em novas leituras, com novas provocações indiciais e novas informações que alimentem novos componentes interpretantes.

No pensamento de Mikhail Bakhtin, o signo é percebido como realidade aberta a plurissignificações, no circuito dinâmico das interações sociais. Assim, os produtos do Design constituem-se signos abertos a novas interações, suscetíveis a reações próprias do movimento dialógico inerente aos sistemas processuais da comunicação.

O Design tem para os estudos da Comunicação e da Semiótica uma dimensão especial. Não se trata apenas de aplicar categorias e princípios teóricos para explicar as relações de interlocução entre designer – pesquisa/projeto/produto – usuário, mas estudá-los como manifestações do Design que se fundamentam nos pressupostos de que:

página 11

interesses de quem os procura. Com a organização desta coletânea temos, sobretudo, o intuito de compartilhar esses textos com o leitor. Antes de relacioná-los, porém, gostaríamos de tecer algumas considerações sobre a temática aqui proposta.

Em Design, não se pode pensar em concepção de produto sem uma intenção de comunicação. Encontra-se essa intenção em cada passo das estratégias das empresas e dos processos desenvolvidos pelos projetistas. O Design pressupõe o reconhecimento das várias interfaces entre usuário e produto e da apreensão dos modos pelos quais interagem. Assim, enquanto fenômeno de linguagem, nas diversas modalidades, modela e orienta, retifica e reorienta a paisagem cultural da vida cotidiana.

Ver os produtos do Design sob o enfoque da Comunicação é perceber, por um lado, o que expressam enquanto locutores e, por outro, o entendimento de seu enunciado para o usuário. É, pois, possível verificar não só as qualidades de utilidade, funcionalidade, praticidade e segurança percebidas pelo usuário, mas, o que esses objetos significam para ele, como os compreende e os integra no seu modo de vida.

A aplicação da Semiótica em diferentes domínios concretos do Design considera os produtos resultantes dos processos [...] zação de suas idéias em produtos que, pelas possibilidades de uso, geram significação. Essa manifestação semiótica confere à construção dos significados e, conseqüentemente,

REVENDO AS PÁGINAS RELIGIOSAS NA WEB, 86
Wagner Bandeira

ESTRUTURAS SEMIÓTICAS DO CONHECIMENTO E NEUROCIÊNCIA NO DESIGN INSTRUCIONAL, 102
Luiz Carlos do Carmo Motta

O CONTRATO DIALÓGICO EM UM CURSO A DISTÂNCIA, 135
Alexandre Farbiarz
Jackeline Farbiarz

A TRANSVERSALIDADE COMO PRÁTICA NO DESIGN, 149
Márcia Ponce de Leon
Licinio de Almeida Junior

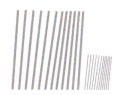

SOBRE AS RELAÇÕES TRANSVERSAIS, À GUISA DE APRESENTAÇÃO

Vera Lúcia Nojima

Esta obra é fruto dos trabalhos desenvolvidos durante a orientação das pesquisas de mestrado e doutorado e dos participantes do Grupo TRÍADES – Núcleo de Estudos das Relações Transversais do Design – vinculado ao Programa de Pós Graduação em Design da Pontifícia Universidade Católica do Rio de Janeiro – PUC-Rio.

Na divulgação dos resultados alcançados, muitos artigos têm sido apresentados em congressos cujo tema seja relacionado a Design – Comunicação – Semiótica. Entretanto, pela própria [...]

Design, comunicação e semiótica
2AB Editora
2010

Os papéis para livros são fabricados com o conceito predefinido de que o formato será o de um retângulo vertical; assim, as fibras do papel se dobram mais facilmente no sentido da fibra (vertical), o que facilita o acabamento na encadernação do livro.

As margens

Talvez 50% do caráter e da integridade de uma página estejam em suas letras. Boa parte dos outros 50% reside nas margens.

Bringhurst, 2005

Segundo a sabedoria convencional, em livros de leitura contínua, as páginas espelhadas devem ser posicionadas uma em relação à outra de maneira que o leitor pense nelas como uma unidade. Em um design tradicional, portanto, a medianiz (margem interna das duas páginas) deve ser menor do que a margem lateral, a fim de que os dois blocos de texto fiquem próximos e o espaço externo a eles seja maior, como uma moldura. A margem superior deve ser menor que a inferior, que é a mais larga de todas. Reza a tradição que elas devem possibilitar ao leitor segurar o livro com os polegares sem atrapalhar a leitura do texto.

Logo precisamos das margens para perceber a mancha de texto, que não deve ser muito pequena nem ter linhas muito longas.

O corpo da fonte e sua composição têm a mesma importância que a escolha do tipo. Este deve ser legível, mas não parecer grande demais para a página. A medida ideal de uma linha convencional está perto de 65 caracteres (mas pode variar entre 50 e 70 caracteres). Para linhas longas demais, devemos acrescentar um espaço extra nas entrelinhas, para não confundir o leitor.

Muitos designers trabalham em paicas para definir a mancha de texto, mas, com a modulação, optamos por trabalhar no sistema decimal, pois não consideramos perda qualitativa com esse sistema.

As especificações tipográficas são geralmente expressas assim:

SCALA 11/18 X 29,2 PAICAS

que significa:

o nome da fonte: Scala

o corpo da letra: 11

entrelinha: 18

A entrelinha é o espaço medido da base de uma linha de texto à base da seguinte. No texto deste livro, de 11 pontos, deixei um espaço de 6 pontos entre as linhas.

Largura da mancha: 29,2 PAICAS

A largura da mancha: 29,2 paicas, em que 1 paica é equivalente a 12 pontos ou aproximadamente 4,218 mm [mancha = 123 mm] (Hendel, 2003).

Corpo 20
com entrelinha 20 **} entrelinha de corpo**

Corpo 20
com entrelinha 22 **} entrelinha + 2 pt**

Corpo 20
com entrelinha 26 **} entrelinha + 6 pt**

O diagrama

Alguns designers definem o diagrama depois do projeto gráfico, mas sua construção pode facilitar o projeto já nos estudos iniciais. Como ele terá mesmo de ser feito, iniciá-lo antes de tudo nos mostra onde deverão entrar os elementos que vão compor a página.

O diagrama, diferentemente do que possamos imaginar, não limita a diagramação, e sim possibilita que a página tenha uma composição dinâmica, integrando imagem, texto e elementos, como fólio e cabeços, com harmonia e organização.

As medidas do perímetro externo da página podem ser indicadas em milímetros ou centímetros, mas as dimensões internas podem ser traduzidas em medidas tipográficas (paicas), bem como a largura de linhas e colunas, brancos marginais, entradas de parágrafo etc. Já os tipos devem ser indicados em pontos.

O diagrama de 12 unidades possibilita uma boa divisão para se trabalhar. Uma estrutura padronizada confere ao conjunto do livro uma unidade confortável para a leitura, de modo que em cada página se disponham os elementos sempre de maneira renovada e dinâmica (Araújo, 1986).

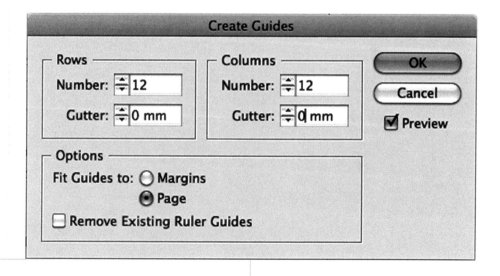

No caso deste livro, o grid tem um espaço de 5 mm entre as guias, que serve de proteção entre texto e imagens, legendas etc.

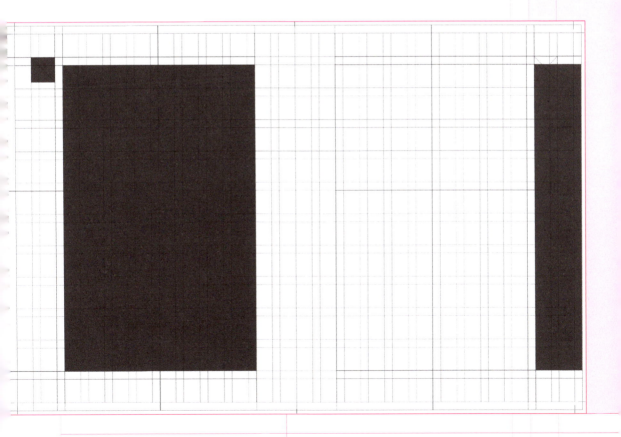

Estrutura do livro

O livro pode ser dividido em três partes: pré-textual, textual e pós-textual, além dos elementos extratextuais.

Parte pré-textual

Em virtude do grande número de elementos que a compõem, é a que mais se presta a variações em suas disposições. Tudo que ainda não é texto do autor se insere na parte pré-textual.

A estrutura das páginas pré-textuais é:

- falsa folha de rosto
- folha de rosto
- página de créditos
- dedicatória
- epígrafe
- sumário
- lista de ilustrações – pode ir para a pós-textual
- lista de abreviaturas e siglas – pode ir para a pós-textual
- prefácio
- agradecimentos

- A falsa folha de rosto serve para proteger o rosto e leva apenas o título do livro, sem subtítulos nem nome do autor. O título pode ser composto em corpo menor que o da folha de rosto, mas deve acompanhar sua composição.
- A folha de rosto leva o nome do autor, título do livro e, se houver, subtítulo; nome do tradutor, ilustrador, número da edição ou reimpressão, número do volume, título de coleção, logotipo da editora, cidade e ano da edição.

A vida literária no Brasil durante o romantismo
Editora Tinta Negra
2009

- No verso da folha de rosto entra a página de créditos:
  Copyright © ano e detentor
  Texto obrigatório da lei de proteção de direito autoral
  Marca e dados da editora
  Créditos de copidesque, revisão, produção editorial, design de capa, projeto gráfico e diagramação etc.
  Ficha catalográfica
  Ano de publicação e cidade
- A dedicatória, quando existe, fica normalmente na página ímpar fronteira ao verso da folha de rosto.
- A epígrafe, quando existe, fica na página ímpar fronteira ao verso em branco da página de dedicatória ou pode estar na mesma página da dedicatória também. Caso seja uma citação, uma sentença ou um pensamento, às vezes aparece também no início dos capítulos, nas aberturas. Coloca-se a referência bibliográfica completa ou apenas o autor.

- O sumário pode iniciar na página ímpar anterior ou posterior ao prefácio.

- As listas de ilustrações, de abreviaturas e siglas podem entrar antes do sumário ou ainda no fim do texto (nesse caso, torna-se pós-textual).

- O prefácio, o prólogo, a epígrafe e a apresentação escrita pelo próprio autor ou por outra pessoa devem começar em página ímpar.

- Só se justifica ter os agradecimentos em seção própria quando for uma lista extensa. Na maioria das vezes, podem ser inseridos no prefácio ou na apresentação.

- A introdução se inicia em página ímpar e não deve ser confundida com o prefácio. A introdução já é um discurso inicial que faz parte do livro.

sumário

prefácio

epígrafe

dedicatória

Parte textual

Na parte textual, o designer estabelece um padrão único e regular obedecido em toda a extensão do que se denomina corpo de texto (*bodytext*). O corpo de texto pode ser dividido em volumes e tomos, em partes ou livros, e em pequenas seções – capítulos e subcapítulos. Para o projeto gráfico, é importante observar a hierarquia utilizada no texto, uma vez que isso vai influenciar a criação dos estilos de títulos e subtítulos.

1. As páginas de aberturas de capítulos normalmente estão nas páginas ímpares, mas podem ser duplas também.

Eu vou passar em concursos
Editora Campus Elsevier
2011

2. Os subcapítulos ou a titulação interna, com aberturas no corpo de texto, de seções, subtítulos e entretítulos, merecem destaque com espaços em branco — em geral duas linhas antes do subtítulo e uma linha depois.

3. O fólio — numeração das páginas — não deve ser colocado na parte pré-textual, entre a falsa folha de rosto e o início do prefácio e nas páginas de início de capítulo.

Podemos encontrar as páginas do prefácio, dos agradecimentos e da introdução numeradas com fólios em algarismos romanos, porém contadas na sequência que se inicia na falsa folha de rosto. As partes textual e pós-textual são numeradas em algarismos arábicos e de modo contínuo.

Sua posição varia, pode ficar no alto ou no pé da página, normalmente na extrema esquerda (pares) e à direita (ímpares) ou, ainda, centralizada na mancha de texto.

4. Os cabeços aparecem no alto das páginas ou no pé da página. Sua função é assinalar certas constâncias gerais (autor, título) ou parciais (nome do capítulo ou partes).

Na página par, nome do autor; na ímpar, o título do livro.

Na página par, o título do livro; na ímpar, o do capítulo.

Na página par, o título do capítulo; na ímpar, os subcapítulos do capítulo.

Professor do Colégio Pedro II, aproveitava qualquer folga, quando os alunos faziam provas, para redigir seus folhetins ou corrigir provas tipográficas de seus livros.

Se o prosador consegue dividir a atenção entre o texto que escreve e outro fato qualquer, sem perder o fio da meada, essa façanha parece impossível ao poeta, sobretudo em se tratando de um poeta torrencial, como Gonçalves Dias. As testemunhas contam que ele escrevia com rapidez vertiginosa, como se estivesse em transe mediúnico. Era um espetáculo belo e terrível.

> Quando estava inflamado pelo fogo sagrado da poesia parecia que se lhe transfigurava a fisionomia, os olhos chamejavam, o rosto iluminava-se e a voz surda, como que arrancada de dentro, soava palavras ininteligíveis, saídas entrecortadas e à medida que as ia transmitindo ao papel.[21]

Quando terminava, parecia outro. Aproveitava, então, para tirar uma ou mais cópias do original, a fim de que o poema não se perdesse.

Esse mesmo fogo sagrado, o borbulhar do gênio, animava Castro Alves. Carlos Ferreira, poeta gaúcho que morou com ele em São Paulo, durante o curso jurídico, narra que o baiano vivia numa espécie de êxtase permanente, passando os dias e parte das noites recitando seus versos. Compunha-os com facilidade e em qualquer parte. Durante as aulas, costumava encher uma folha de caricaturas e versos, que intitulava "aula ilustrada". Uma de suas composições mais espontâneas, *O laço de fita*, uma pequena joia, foi escrita durante uma aula, enquanto o professor dissertava sobre ásperos temas de direito.

Essa espontaneidade, quase uma característica dos românticos, teve exceções, e grandes exceções. Uma delas foi Fagundes Varela, que nada tinha de improvisador. Verdade que compunha em qualquer lugar – em botequins de beira de estrada, na casa de amigos ou caminhando –, mas os versos nunca surgiam acabados: exigiam polimento.

UBIRATAN MACHADO

---

são lacunosas, não consegue ordenar as datas. A muito custo, encheu duas ou três tiras, que logo abandonou. Faltava alguma coisa.

Algum tempo depois, acorda no meio da noite e os fatos da retirada se lhe apresentam à mente com uma tal intensidade, "de modo tão claro e tão terrível, que tive violentos calafrios e tremi de emoção e de positivo medo".[20]

Aproveitando a inspiração, acendeu a vela e durante mais de duas horas tomou nota dos fatos que lhe ressurgiam na mente. Em apenas uma semana, estava escrita a primeira parte do livro, que seu pai levou ao Paço, para ser lida pelo imperador. O incentivo de d. Pedro II incitou ainda mais o rapaz, que se atirou freneticamente ao trabalho. Em vinte e poucos dias, estava concluída a obra, sem qualquer favor, uma obra-prima do gênero. Taunay ainda não completara 25 anos de idade.

Um pouco antes, redigira outra obra de maneira inusitada para um país sem tradição guerreira: o *Diário da guerra*, que mereceu louvores de especialistas, entre os quais o duque de Caxias. O trabalho foi escrito no dia a dia dos combates, entre duas escaramuças, em acampamentos improvisados, onde muitos companheiros morriam de cólera-morbo, em barracas muitas vezes ao alcance das balas inimigas.

Muito mais plácidas foram a origem e a composição do primeiro romance brasileiro. Nas férias de 1843, o acadêmico de medicina Joaquim Manuel de Macedo vai descansar em sua cidade natal, Itaboraí. Em pleno ócio, longe da agitação da Corte, conta-se que apostou com um colega que seria capaz de narrar seus amores, em forma de romance, no prazo de um mês. Aceita a proposta, pôs-se sofregamente a trabalhar. Em trinta noites, *A moreninha* estava pronta. Durante toda a vida, o escritor manteve o hábito do trabalho noturno. Às dez horas, tomava chá e punha-se a escrever, até às duas ou três horas da madrugada. Gostava então de bebericar cerveja, mas, fora desses momentos de fluxo criativo, não ingeria álcool.

O sucesso do livro determinou uma mudança completa na vida de Macedo. Abandonou a medicina, que exerceu por pouquíssimo tempo, e dedicou à literatura um lugar cada vez mais importante em sua vida. Parecia atacado de grafomania. Escrevia em toda parte.

SURGE UM PÚBLICO PARA A LITERATURA

---

5. As notas, as anotações do livro, podem ficar na parte textual ou pós-textual, dependendo da relevância no sentido da leitura. Existem alguns recursos para isolá-las do corpo do texto: usar um corpo de 2 a 3 pontos menor e reforçar a separação do texto, com fios e espaço.

6. O corpo de texto pode ter tabelas, gráficos, quadros e destaques de texto e ainda imagens e ilustrações. A distância entre a ilustração e o bloco da legenda varia entre 0,5 e 1 cícero.

NOTAS

[1] Manuel de Araújo Porto-Alegre. In: *Guanabara*, vol. II, p. 102. In: Décio de Almeida Prado. *João Caetano*. São Paulo: Perspectiva/Edusp, 1972, p. 129.
[2] Lafaiete Silva. *João Caetano e sua época*. Rio de Janeiro: Imprensa Nacional, 1936, p. 72.
[3] Ferreira Guimarães e Cassiano César. *João Caetano dos Santos*. Rio de Janeiro: Lombaerts, 1884, p. 30.
[4] M. (Henrique César Muzzio). *Correio Mercantil*, Rio de Janeiro, 10 de fevereiro de 1856.
[5] *Bazar Volante*, Rio de Janeiro, 13 de novembro de 1864.
[6] Id., ibid.
[7] Castro Alves. "Dalila". In *Poesias completas*. São Paulo: Saraiva, 1953, p. 136.
[8] Afrânio Peixoto. *Castro Alves. O poeta e o poema*. Paris-Lisboa: Aillaud & Bertrand, 1922, p. 224.
[9] *A Marmota*, Rio de Janeiro, 15 de outubro de 1861, que informa ainda: "Uma enchente completa todas as vezes que o drama sobe à cena no Ginásio Dramático".
[10] Moreira de Azevedo. O *Rio de Janeiro*. Rio de Janeiro: Brasiliana, 1969, vol. II, p. 175.
[11] *A Marmota*, Rio de Janeiro, 5 de julho de 1861.
[12] Múcio da Paixão. O *teatro no Brasil*. Rio de Janeiro: Brasília editora, s.d. (1936), p. 194.
[13] Id., ibid.
[14] *A Marmota*, Rio de Janeiro, 22 de julho de 1851.
[15] Id., 13 de janeiro de 1852.
[16] *A Reforma*, Rio de Janeiro, 15 de janeiro de 1870. O texto não foi assinado, sendo provavelmente de Joaquim Serra.
[17] Salvador de Mendonça. "Cousas do meu tempo". In: *Revista do Livro*. Rio de Janeiro: Ministério da Educação e Cultura, dez. 1960, p. 115, n. 20.
[18] MDP (Múcio da Paixão). *Monitor Campista*, Campos, 19 de maio de 1910. O ... novembro de 1865, sendo a peça interpretada pela compa... lmeida Cabral. Augusta Candiani cantou a cavatina da ...
... Janeiro, 10 de janeiro de 1864.
... r., v. 8, p. 249.
... artas. São Paulo: Academia Paulista de Letras, 1976, p. ... 2 de junho de 1849.
... tica Teatral. Rio de Janeiro: W. M. Jackson, 1937, p. 97.
... lbo, 12 de novembro de 1859.

TEATRO: ÊXITOS E FRACASSOS

Ocupações que, com uma nova metodologia de classificação e uma atualização de seu conteúdo, veio substituir a CBO publicada em 1994. É um documento, do Ministério do Trabalho e Emprego (MTE), que tem por objetivo reconhecer, nomear, codificar os títulos e descrever as características das ocupações do mercado de trabalho brasileiro[2].

2 Sua estrutura básica foi elaborada em 1977, resultado de um convênio firmado entre o Brasil e a Organização das Nações Unidas - ONU, por intermédio da Organização Internacional do Trabalho - OIT, e foi baseada na Classificação Internacional Uniforme de Ocupações - CIUO de 1968. A CBO 2002 também está constituída tomando por base a nova metodologia interna-

Parte pós-textual

A parte pós-textual pode conter os seguintes elementos:

- posfácio
- apêndice
- glossário
- bibliografia
- índice
- colofão
- errata

Tanto o índice como o sumário podem ser feitos automaticamente no Indesign, mas nem por isso é um trabalho fácil. Para um índice onomástico (índice de nomes), devemos criar uma marcação em cada nome para depois gerar o índice; geralmente há profissionais que fazem só isso e cobram em separado da revisão e da diagramação. Além do trabalho, é uma grande responsabilidade inserir todos os nomes que aparecem em um livro.

O colofão entra na última página e é uma referência à produção do livro. Nele aparecem as informações sobre o papel de capa e miolo, a gráfica que imprimiu, quem fez a editoração e a tipografia utilizada no livro.

Inserção de texto

Recebemos o texto no formato .doc ou .rtf, que foi digitado em um programa editor de texto. Nos programas de editoração, Indesign ou PageMaker, por exemplo, o texto deve ser inserido (comando *place*). Ao inseri-lo, todos os estilos criados no programa original vêm junto. Podemos utilizá-los na criação dos estilos de parágrafo, que posteriormente serão aplicados no texto; para isso será necessário editá-los na janela *estilos de parágrafo*. Nem sempre a criação de estilos feita pelo autor é boa para o designer. O autor às vezes exagera e, se não houver um copidesque que elimine esse excesso, o projeto pode ficar comprometido. Em alguns casos, é melhor apagar todos os estilos e começar do zero; o risco, com isso, é eliminar algum destaque que o autor tenha dado a determinado assunto.

TRABALHO ESPINHOSO 2

O livro incompleto

Certa vez, estava fazendo um livro de idiomas; tínhamos muito pouco tempo para a diagramação e, em vez de imprimir o original para ver o texto completo impresso, resolvemos simplesmente inserir o texto e diagramá-lo. Depois de fazer o livro todo e mandar para a editora, nosso contato ligou e disse que o livro estava incompleto: todos os quadros de destaque haviam desaparecido. Abri o arquivo original e pude constatar que realmente os quadros estavam lá, mas não faziam parte do corpo de texto. Desse modo, quando inseri o texto, esses quadros não vieram. Para piorar, precisei abrir os dois arquivos (o de Indesign e o de Word), copiar e colar os quadros tendo o cuidado extremo de colocá-los no lugar certo.

Estilos de parágrafo

Para agilizar o trabalho, é fundamental estabelecer todos os parâmetros dos textos na criação dos estilos de parágrafo. Os programas de editoração tornam possível o ajuste dos mínimos detalhes necessários para uma boa diagramação – veremos esse assunto com mais detalhes no Capítulo 3.

Correção de texto (emendas)

Do texto original até o livro finalizado para impressão, são feitas em torno de três correções. Existe uma simbologia universal que torna a correção uma tarefa relativamente rápida. Caso o texto tenha sido muito modificado da primeira para a segunda revisão, pode ser necessário substituí-lo por inteiro.

No início, pode parecer impossível memorizar todos os sinais, mas os mais recorrentes são rapidamente incorporados à linguagem do designer e do diagramador.

É sempre bom ter um manual de correção tipográfica por perto para tirar qualquer dúvida.

Vários livros reproduzem a simbologia universal de revisão tipográfica. Sugiro alguns:

Araújo, Emanuel (1986). *A construção do livro.* Rio de Janeiro: Nova Fronteira e INL/ Pró-memória, 3. ed., 674 p.

Bringhurst, Robert (1992) [2005]. *Elementos do estilo tipográfico* (versão 3.0). Tradução: André Stolarski. São Paulo: Cosac Naify.

Lupton, Ellen (2004) [2006]. *Pensar com tipos.* Guia para designers, escritores, editores e estudantes. Tradução: André Stolarski. São Paulo: Cosac Naify.

Trabalhando o texto

No livro *Elementos do estilo tipográfico*, Robert Bringhurst faz um tratado sobre a utilização da tipografia no design e dá recomendações certeiras de como devemos proceder nessa incrível área – o desenho de tipos – e seu uso dentro de uma composição tipográfica.

> (...) se o pensamento é um fio de linha, o narrador é um fiandeiro – mas o verdadeiro contador de histórias, o poeta, é um tecelão (Bringhurst, 2005).

Com essa metáfora, Bringhurst expõe que ainda na Antiguidade o trabalho dos escribas ganhou uma textura tão homogênea e flexível que a página escrita passou a ser chamada de *textus* (tecido em latim).

O trabalho do designer de livros é justamente criar esse "tecido" de maneira homogênea, mas também vibrante, utilizando bons tipos e espacejamentos que possibilitem a esses tipos aparecerem em sua forma e função.

Chamamos de "cor" a densidade da textura de uma página.

> A homogeneidade da *cor* é o objetivo mais comum desejado pelo tipógrafo – não esquecendo, é claro, da legibilidade. Isso depende de quatro fatores: o desenho do tipo, o espacejamento da letra, das palavras e das linhas. Nenhum é independente do outro (Bringhurst, 2005).

Quanto mais trabalhamos os textos em composições para livros, mais observamos esses detalhes que Bringhurst expõe detalhadamente. Em relação ao desenho do tipo, acabamos escolhendo os preferidos, aqueles com uma família tipográfica mais completa, com desenho expressivo ou mais econômico. Enfim, cada projeto nos dirá por onde seguir. Muitas vezes nos perguntam se para livros de textos longos devemos usar apenas tipos com serifa. Os tipos com serifa são mais confortáveis para linhas longas e grandes blocos de texto. Mas já usei alguns tipos semisserifados e até sem serifa para textos longos que funcionaram bem e ficaram tão legíveis quanto confortáveis. É preciso experimentar. A entrelinha define a linha de texto e propicia uma leitura clara. Não deve ser pequena nem grande demais, deve ser na medida certa. O padrão de entrelinha de dois pontos a mais do que o corpo de letra é o mínimo a considerar, mas dificilmente vou compor um livro com essa proporção, que é mais indicada para informações de leitura secundária, como as notas de rodapé, bibliografia, legendas etc.

Os programas de editoração são projetados para viabilizar uma entrepalavra mínima de 85% no texto principal – pouco menos que M/5. Já a máxima é de 150%, pouco mais de M/3. Esse espaço é medido em M e faz parte do design do tipo, mas em textos justificados pode ser ajustado no *tracking*, em milésimos de M.

M é uma medida variável, pois depende do corpo e do tipo que estamos usando.

m de 25 da ITC Legacy corpo 25

m de 15 da ITC Legacy corpo 15

Quantos caracteres devemos ter em uma linha de texto? Segundo Bringhurst, uma linha que tenha entre 45 e 75 caracteres é considerada satisfatória para uma página de uma coluna. A linha de 66/65 caracteres – contando letras e espaços – é geralmente considerada ideal. Para trabalhos com múltiplas colunas, outra média que funciona varia entre 40 e 50 caracteres. Para textos descontínuos, como bibliografias ou notas de rodapé, pode-se usar linhas de 85 ou 90 caracteres, porém as linhas de leitura contínua com mais de 80 caracteres são longas demais (Bringhurst, 2005).

Por que caixa-alta e caixa-baixa?

A designação utilizada em tipografia derivou da disposição dos tipos móveis na caixa tipográfica. As maiúsculas são chamadas caixas-altas, pois ficavam na parte superior da caixa, e as caixas-baixas, na parte inferior da caixa. Encontramos na caixa todos os elementos da família tipográfica, o **eme** *– quadratim, o* **ene** *– equivalente a meio eme ou a meio-quadratim, as ligaturas, os numerais e todos os sinais tipográficos.*

Ao compor um texto alinhado à esquerda ou à direita sem justificar, os espaços entre letras são regulares e não precisam ser ajustados. Nesse caso, é importante que façamos ajustes na quebra das palavras. Devemos evitar deixar monossílabos sozinhos no fim da linha, mas deixe-o lá se isso gerar um transtorno e uma quebra pior ainda.

Não devemos confiar cegamente na auto-hifenização dos programas para linhas justificadas. Sempre temos de olhar, ver o que está escrito e como o texto está dividido para não cometermos gafe! É fundamental também utilizarmos o idioma correto; no nosso caso, o português brasileiro.

Dicas

Use um único espaço entre as sentenças. Elimine os espaços duplos.

Use pouco ou nenhum espaço entre cadeias de iniciais e um único espaço após o último ponto da cadeia.

H.G. Wells, não H. G. Wells

As maiúsculas tipográficas são divididas em duas classes: VERSAIS, que têm altura de caixa-alta; e VERSALETES, que têm altura de caixa-baixa. O termo CAPITULAR é equivalente ao VERSAL, mas fica reservado ao uso inicial em capítulos ou parágrafos.

Não espaceje minúsculas – isso dificulta a legibilidade em textos.

legibilidade x legibilidade

Ajuste o kerning quando necessário. O kerning é a alteração do espaço entre pares de letras específicos. Cada letra tem uma largura própria, e os sistemas de composição eletrônicos podem modificá-la de muitas maneiras. O kerning das fontes digitais é feito com o uso de tabelas de kerning, que fazem a compensação no espaço entre letras AV, AW, AT, HH etc. Caso não fique satisfeito com o kerning automático de seu programa, basta ajustá-lo. Para ter certeza, é bom imprimir e ver se a palavra tem a leitura desejada. O mesmo se aplica ao espaço entre numerais. Em português, as combinações Tã, Pã, Vã, d'a, d'é, d'ó, d'ú são algumas que requerem cuidado. É muito comum vermos erros grosseiros de kerning, e isso também cria ruídos de legibilidade.

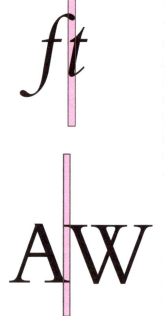

Não altere a largura ou a forma da letra. Em outras palavras, não deforme o tipo!

O design de tipos é uma arte praticada por poucos iluminados e dominada por outros poucos – mas nos programas de edição de fontes qualquer pessoa pode alterar instantaneamente as larguras e formas das letras às quais um artista pode ter dedicado décadas de estudo. Condensar ou expandir um tipo arbitrariamente pode ter mau resultado.

Lembre-se da lei da física em que dois corpos não ocupam o mesmo lugar no espaço: não reduza a entreletra e entrepalavra mais do que seu olho suporta!

A legibilidade das letras tipográficas não depende apenas da sua forma, mas também do espaço vazio entre elas e à sua volta. Não devemos comprimi-las a ponto de não ser mais possível ler a sentença, só para caber naquele espaço. Respeite a letra, a palavra e o espaço que ela ocupa.

legibilidade x legibilidade

Por outro lado, não abra o espaço de tal modo que as palavras deixem de ser lidas em conjunto. Assim:

Deixem   de   ser   lidas   em   conjunto

TRABALHO ESPINHOSO 3

Certa vez fui contratada para fazer um dicionário. Essa palavra para um designer ou diagramador já assusta. Mas, afinal, foi um trabalho que surtiu um belo resultado depois de pronto. Porém, antes disso... Obviamente, houve um momento espinhoso. Tinha eu na época uma estagiária que, apesar de muito gentil, não ouvia muito o que eu determinava. Uma das minhas determinações era: o tracking não pode ser menor que -25, o que para mim já é uma violência, mas como era apenas para a referência, e não para o texto, utilizamos para as colunas pequenas. O trabalho foi caminhando até que um dia geramos um PDF para enviar à editora; na ocasião, a estagiária já tinha sido dispensada. Para minha surpresa, havia linhas e blocos de texto apertadíssimos, praticamente ilegíveis. Ao abrir o arquivo, deparei-me com trackings de -40, -60 e até -100. Mais uma vez, tive de rediagramar o livro todo, modificar a paginação, tudo recorreu... mas ficou bom e legível. Isso é o que importa.

Entrelinha

É preciso escolher a altura da coluna ou da página e a *entrelinha*, que é a distância de uma *baseline* à outra.

Um tipo de 11 pontos com *entrelinha de corpo* é designado pela notação 11/11. A altura teórica do tipo é de 11 pontos (do topo da letra *d* à base da letra *p*) e a distância da primeira à segunda *baseline* também é de 11 pontos. Se você adicionar dois pontos à entrelinha, esse valor mudará para 11/13, ou seja, o corpo permanecerá inalterado, mas o tipo terá mais espaço para respirar.

Pequenos textos podem ser compostos em entrelinha negativa, contanto que as ascendentes e descendentes não colidam. Esse recurso tipográfico pode ser usado em títulos de capas de livros, por exemplo.

Em textos contínuos, dependendo do tipo, pode-se usar a entrelinha de corpo, mas o usual é a entrelinha positiva com dois pontos de acréscimo.

Colunas mais largas requerem mais entrelinha do que colunas mais estreitas. Tipos mais pesados precisam de mais entrelinha do que tipos leves, tipos de corpo grande pedem uma entrelinha maior do que tipos de corpo pequeno.

Fontes como a Bauer Bodoni, com cor forte e eixo vertical rígido, precisam de muito mais entrelinha do que fontes como a Bembo, em que a cor é clara e o eixo se baseia na escrita manual. Fontes sem serifa pedem mais entrelinha do que as serifadas.

Adicione ou retire espaços em intervalos definidos

A entrelinha não deve ser modificada arbitrariamente em uma composição.

Em textos de catálogos, revistas, poesia e outros que possibilitem variação de espaços, podemos utilizar a variação de entrelinha, porém em textos contínuos não devemos ter o mesmo raciocínio. As páginas têm a mesma altura de coluna, desenhadas de forma simétrica. Nesse formato, os blocos devem estar alinhados, bem como as linhas na frente e no verso da página (as páginas assim são chamadas de reto e verso). As provas de prelo e de impressão são checadas, para ver se o registro foi respeitado pela gráfica.

Importante:

Títulos, subtítulos, citações em destaque, notas de rodapé, ilustrações, legendas e outras intromissões criam variações sobre a base da entrelinha regular. Tais variações dão vitalidade à página, mas o texto principal deve retornar à sua entrelinha depois delas. Isso significa que a quantidade total de espaço vertical em cada variação deve ser necessariamente *múltiplo* comum da entrelinha básica.

Se o texto principal estiver composto em 11/13, as intromissões precisam equivaler a múltiplo de 13 pontos: 26, 39, 52, 65, 78, 91, 104 e daí por diante.

Os subtítulos podem ser simétricos, com uma linha antes e outra depois, ou assimétricos, com mais espaço em cima do que embaixo, desde que o somatório seja igual ao número par de linhas de texto.

Para um texto composto em 11/13, os modos de entrelinhar os subtítulos são:
- subtítulos 11/13 em versalete, com 13 pontos acima e abaixo;
- subtítulos 11/13 em caixa alta e baixa, com 8 pontos acima e 5 pontos abaixo, uma vez que 8 + 5 = 13. Isso pode ser feito também deslocando o texto da baseline;
- subtítulos 11/13 em versais com 26 pontos acima e 13 pontos abaixo;
- subtítulos unilineares 14/13 em itálico de caixa alta e baixa com 16 pontos acima e 10 pontos abaixo. (Se os subtítulos tiverem apenas uma linha, não haverá sobreposição.)

Não sufoque a página

A maioria dos livros atualmente impressos com alfabeto latino leva de 30 a 45 linhas por página e o comprimento médio de linha vai de 60 a 66 caracteres. Em português presume-se uma palavra que tenha em média seis caracteres e um espaço; se a página estiver cheia, comportará de 300 a 500 palavras.

Não importa o quão esteja cheia ou vazia, a página precisa respirar e, em um livro, é preciso que ela respire em ambas as direções. Quanto mais longa for a linha, maior será o espaço necessário entre as linhas. Duas colunas de linhas curtas serão mais compactas do que uma coluna de linhas longas.

Blocos e parágrafos

Não recue a primeira linha dos parágrafos iniciais

A função do recuo do parágrafo é marcar uma pausa, separando o parágrafo de seu precedente. Se um parágrafo é precedido por um título ou subtítulo, o recuo não é necessário. Em um texto contínuo, marque todos os parágrafos que seguem ao primeiro com um recuo de pelo menos um ene.

Há outros recursos para iniciar um parágrafo:
- ornamentar o início de parágrafo com florão;
- linha caída;
- marca de parágrafo, caixas ou pontos;
- recuo externo com capitular ampliada.

O recuo de parágrafo mais comum é de um eme, outro valor comum é uma entrelinha. Se seu texto for composto em 11/13, o recuo poderá ser de 11 pt (um eme) ou de 13 pt (uma entrelinha). Um ene (meio eme) é o mínimo que devemos deixar. Recuos maiores do que três emes costumam dificultar a diagramação. Quando as últimas linhas de um parágrafo são curtas e os parágrafos seguintes têm recuos grandes, as páginas ficam com "buracos".

Podemos usar parágrafos em bloco (justificados à esquerda e à direita) sem recuo e separados por uma linha branca. Em sequências longas, podem ser cansativos (Bringhurst, 2005).

Utilize uma entrelinha extra antes e depois de um bloco de citações

Podemos distinguir blocos de citações de diversas maneiras, mudando o tipo, de romano para itálico; o tamanho, para um ou dois pontos menor; ou ainda abrindo um recuo lateral. Podemos usar um desses recursos ou combiná-los. Além da distinção entre tipo e tamanho, devemos separar o bloco de citação do texto com uma linha. Se for utilizada uma entrelinha menor nesse bloco, devemos compensar a diferença com um espaço entre a citação e o resto do texto, para manter os alinhamentos.

Exemplo:

O texto principal tem 11/13 e você quer inserir uma citação com cinco linhas compostas em 10/12. A altura da citação é $5 \times 12 = 60$. Esse espaço precisa ser ampliado até alcançar um múltiplo de 13 e voltar ao texto. O múltiplo mais próximo de 13 nesse caso é $5 \times 13 = 65$. O espaço restante é de $65 - 60 = 5$ e $5 : 2 = 2,5$. Esse espaço, se adicionado antes e depois, não é o suficiente para uma separação efetiva do texto principal.

O próximo múltiplo de 13 é $6 \times 13 = 78$, que já é uma opção melhor: $78 - 60 = 18$ e $18 : 2 = 9$. Portanto, adicione uma entrelinha de 9 pt antes e depois do bloco, e o texto voltará ao seu alinhamento, como afirma Araújo (1986).

Muita matemática?

Hifenização e paginação

- Nos fins de linha hifenizados, deixe pelo menos duas letras para trás e leve pelo menos três letras para a próxima linha:

Fi-nalmente em vez de finalmen-te

- Evite deixar que a última linha de um parágrafo seja o fim de uma palavra hifenizada ou qualquer palavra com menos de três letras.

- Não hifenize mais de três linhas consecutivas.
- Utilize a hifenização de nomes próprios apenas em último caso, a não ser que eles apareçam tanto quanto outros substantivos comuns.
- Faça a hifenização de acordo com as convenções da língua.
- Use espaços duros (não quebráveis) para conectar pequenas expressões numéricas e matemáticas – e atualmente os endereços eletrônicos.
- Evite iniciar duas ou mais linhas consecutivas com a mesma palavra.
- Jamais inicie uma página pela última linha de um parágrafo com várias linhas, chamada *"órfã"*; não tem passado, mas tem futuro. As linhas que terminam na primeira linha de uma página são as chamadas *"viúvas"*; têm passado, mas não têm futuro (que brincadeira antiquada!). Isso também não deve acontecer!

TRABALHANDO NO ARQUIVO DIGITAL

Tendo definido o formato do livro e feito esboços do projeto gráfico, podemos montar o arquivo digital no qual desenvolveremos nossa publicação. Os programas utilizados para esse trabalho específico são os chamados programas de editoração eletrônica. Os mais usados são o Indesign, o PageMaker e o QuarkXpress.

Não vamos aqui entrar nos recursos de cada programa, pois o que interessa é a estrutura do trabalho; o que deve ser definido para a confecção de um livro e os cuidados necessários para ele sair como o projetamos. *Veremos tudo o que não podemos esquecer.*

Todos os exemplos que utilizei foram feitos com base nos menus do Adobe Indesign, mas os recursos que veremos podem ser aplicados a qualquer programa de editoração.

Criando um novo documento

Ao criar um novo documento, podemos definir seu número de páginas; a disposição das páginas – se serão impressas frente e verso (*facing pages*) como em um livro; o formato – tamanho e orientação; as margens – que, no caso de um livro, inicialmente podem ficar todas zeradas e terem as medidas definidas após a escolha da modulação; o número de colunas e a distância entre elas – esse ajuste também pode ser feito posteriormente nas páginas-mestras.

Antes de tudo, prepare suas páginas-mestras

Ao criar um novo documento, vá para a página-mestra e comece sua modulação. Por exemplo, se seu documento está no formato 16 cm x 23 cm e você quer trabalhar em uma modulação de 12 unidades, divida 160 : 12 e 230 : 12, e o módulo resultante servirá de base para sua divisão. No Indesign, podemos fazer isso automaticamente.

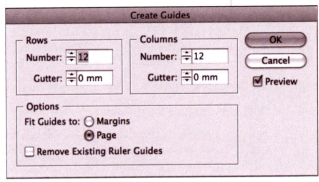

Para definir o grid, podemos estabelecer a quantidade de linhas-guia e se haverá alguma distância entre os módulos (*gutter*).

Para definir as margens, podemos estabelecer as medidas com base na modulação. Podemos também definir se haverá uma ou mais colunas.

Defina suas margens, mesmo que você mude depois. Estude em que posição na página ficarão os cabeços e os fólios (paginação) e lembre-se de que tudo o que se repetirá no livro deverá estar na página-mestra. Nos programas de editoração, é assentido ter múltiplas páginas-mestras; com isso podemos ter páginas específicas para capítulos diferentes e páginas especiais para seções como abertura de capítulos, sumário, índice, bibliografia etc.

Como alojar objetos no pasteboard

Com o comando *place* (no caso do Quark, é o *get picture* ou *get text*), podemos inserir textos e imagens em diferentes formatos (textos em .doc ou .rtf), planilhas de Excel, arquivos EPS, arquivos PDF e arquivos de imagens em diferentes formatos (PSD, TIF, JPG, bitmap). Para a inserção automática de textos, utilizamos o comando *autoflow* (termo herdado do PageMaker). Para isso, devemos ter as margens já definidas e inserir o texto com a tecla *shift* clicada. Depois de inserido o texto, partimos para a definição dos estilos de parágrafo.

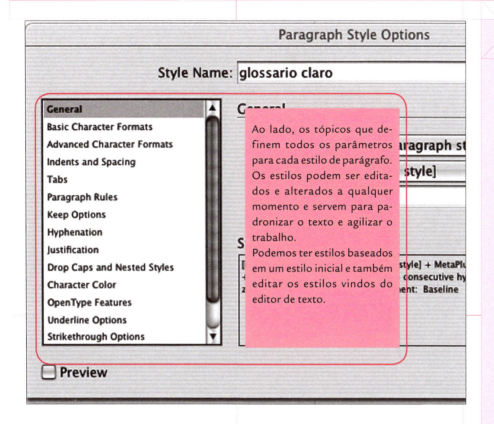

Definindo os estilos de texto

Para definir o layout do texto, experimente em algumas páginas o tipo com o qual você trabalhará, considerando tamanho, entrelinha e a mancha de texto. Gaste um bom tempo nisso, pois você vai economizar depois. Definido o básico do que se quer – corpo do texto, títulos, subtítulos, notas e tudo o mais que fizer parte da página –, estabeleça os estilos para cada item.

O que devemos considerar na criação dos estilos

Podemos ajustar tudo na criação do estilo: a tipografia utilizada, o corpo e a cor da letra, se será versal ou versalete, se terá o *baseline* normal, sobrescrito ou subscrito, qual a variação (romana, itálica, bold, semibold), a entrelinha, os espacejamentos, alinhamentos, as tabulações, capitulares etc.

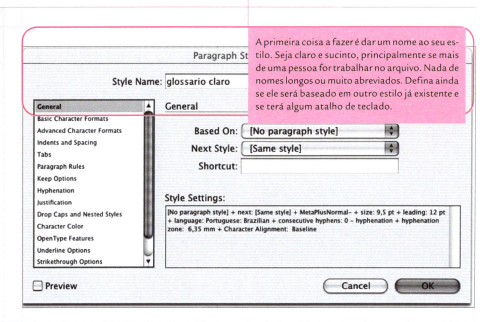

A primeira coisa a fazer é dar um nome ao seu estilo. Seja claro e sucinto, principalmente se mais de uma pessoa for trabalhar no arquivo. Nada de nomes longos ou muito abreviados. Defina ainda se ele será baseado em outro estilo já existente e se terá algum atalho de teclado.

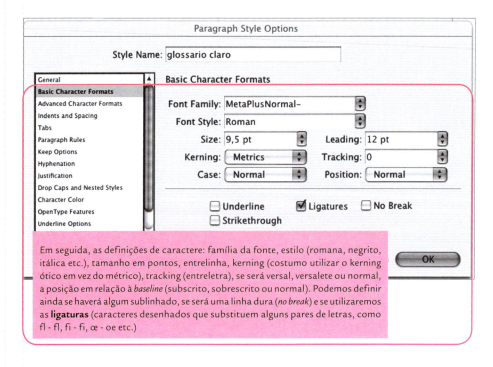

Em seguida, as definições de caractere: família da fonte, estilo (romana, negrito, itálica etc.), tamanho em pontos, entrelinha, kerning (costumo utilizar o kerning ótico em vez do métrico), tracking (entreletra), se será versal, versalete ou normal, a posição em relação à *baseline* (subscrito, sobrescrito ou normal). Podemos definir ainda se haverá algum sublinhado, se será uma linha dura (*no break*) e se utilizaremos as **ligaturas** (caracteres desenhados que substituem alguns pares de letras, como fl - fl, fi - fi, œ - oe etc.).

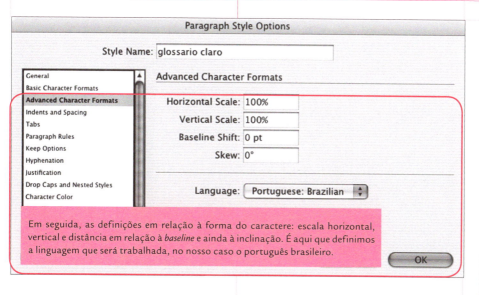

Em seguida, as definições em relação à forma do caractere: escala horizontal, vertical e distância em relação à *baseline* e ainda à inclinação. É aqui que definimos a linguagem que será trabalhada, no nosso caso o português brasileiro.

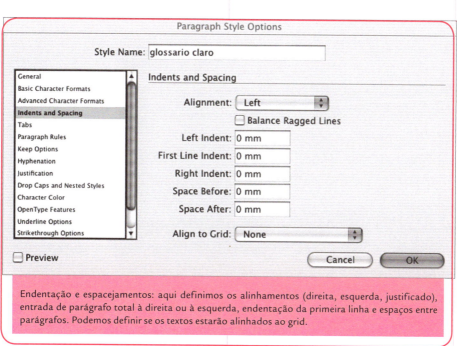

Endentação e espacejamentos: aqui definimos os alinhamentos (direita, esquerda, justificado), entrada de parágrafo total à direita ou à esquerda, endentação da primeira linha e espaços entre parágrafos. Podemos definir se os textos estarão alinhados ao grid.

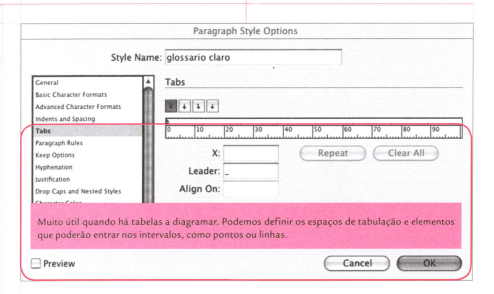

Muito útil quando há tabelas a diagramar. Podemos definir os espaços de tabulação e elementos que poderão entrar nos intervalos, como pontos ou linhas.

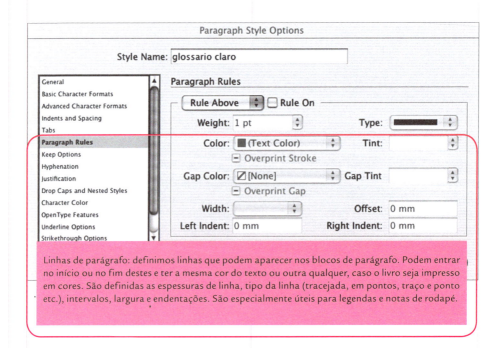

Linhas de parágrafo: definimos linhas que podem aparecer nos blocos de parágrafo. Podem entrar no início ou no fim destes e ter a mesma cor do texto ou outra qualquer, caso o livro seja impresso em cores. São definidas as espessuras de linha, tipo da linha (tracejada, em pontos, traço e ponto etc.), intervalos, largura e endentações. São especialmente úteis para legendas e notas de rodapé.

Esse recurso serve para evitar linhas órfãs. Podemos determinar que sempre sejam mantidas duas linhas no início e no fim de cada parágrafo, por exemplo. Pessoalmente, não gosto desse recurso, prefiro ajustar cada página.

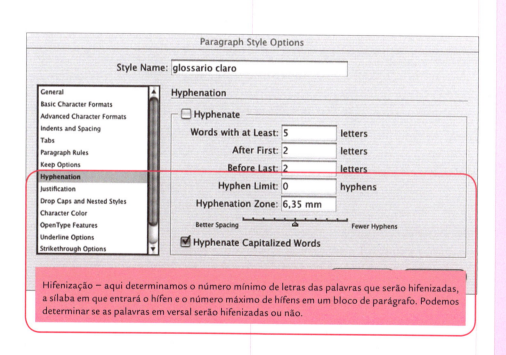

Hifenização – aqui determinamos o número mínimo de letras das palavras que serão hifenizadas, a sílaba em que entrará o hífen e o número máximo de hífens em um bloco de parágrafo. Podemos determinar se as palavras em versal serão hifenizadas ou não.

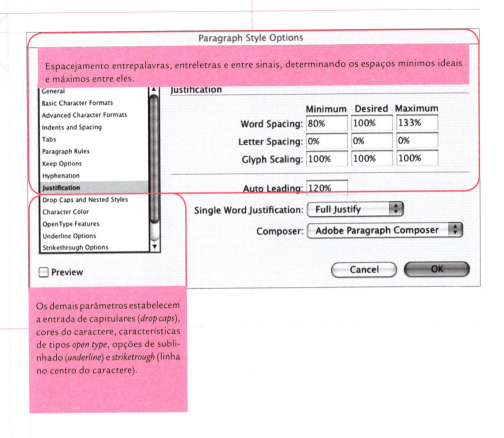

Espacejamento entrepalavras, entreletras e entre sinais, determinando os espaços mínimos ideais e máximos entre eles.

Os demais parâmetros estabelecem a entrada de capitulares (*drop caps*), cores do caractere, características de tipos *open type*, opções de sublinhado (*underline*) e *striketrough* (linha no centro do caractere).

Os livros são editorados e, após a aprovação final da editora, entram no processo de finalização para produção. No início dos anos 2000, o processo de produção para impressão em offset, que era feito por meio de fotolitos, provas de prelo e impressão final, sofreu uma mudança drástica. Surgiu no mercado a produção pelo processo CTP (Computer to plate), que eliminou a etapa do fotolito e gerou as chapas de impressão com base nos arquivos de arte final. Apesar da agilidade no processo, a responsabilidade aumentou – e os riscos também. Se por acaso algum erro não fosse visto na prova digital, a chapa poderia ser gravada com erros, o que acarretaria um grande prejuízo. Como tudo que envolve as mudanças tecnológicas, no início houve muita dor de cabeça, e foi preciso algum tempo para que aprendêssemos a lidar com a novidade. Hoje o CTP está totalmente inserido em nossa rotina profissional. Para enviarmos um arquivo à produção, é necessário fazer um checklist da arte final.

Checklist para CTP

O checklist tem a finalidade de evitar erros no fechamento dos arquivos. Atualmente enviamos o livro no formato PDF (Portable Document Format), que contém todas as informações do arquivo: fontes utilizadas, links, formato, quantidade de cores, linhas de corte e sangramento etc. A responsabilidade pelo fechamento do PDF é do designer ou do artefinalista, por isso é fundamental que o arquivo esteja com os elementos que o compõem corretos; depois que o PDF for para a produção, o prejuízo será seu se houver algum erro.

Como o trabalho será impresso em offset, seguem considerações sobre cuidados que devem ser tomados em relação ao fechamento do arquivo:

1. Confirme que todas as imagens estão em CMYK (Cyan/Magenta/ Amarelo/Preto) no caso de arquivos em quatro cores ou em escala de cinza (Gray), no caso de livros em uma cor; e em alta resolução (o que significa que as imagens devem estar no tamanho real que estão sendo utilizadas no arquivo e em 300 ppi).

2. Verifique se o formato da página está correto.

3. Elimine as cores especiais que não estejam sendo utilizadas. Caso seu trabalho seja feito para impressão em cores especiais, gere um PDF em *composite* e a cor especial aparecerá. Você deve sempre mandar as referências em escala Pantone das cores especiais que serão utilizadas na impressão.

4. Certifique-se de que o preto está apenas em Black 100% e não em outras cores de escala, pois isso denota que o arquivo pode ter sido gerado em RGB originalmente. Tal fato é bastante frequente em códigos de barras e logotipos de editoras, que, muitas vezes, são enviados no formato de imagem.

5. Você pode fazer o fechamento gerando um arquivo de impressão post-script (ps) e, em seguida, gerar o PDF no Acrobat Distiller ou gerar o PDF automaticamente por meio dos presets no Indesign. Nesse caso, a opção indicada é a press quality.

6. Caso você tenha textos em preto 100%, lembre-se de colocá-los em overprint sobre cores claras para não haver problemas de trapping – acabamento necessário no encontro de duas cores diferentes e em que não há percentual em comum, e ao qual devemos acrescentar um contorno de 0,144 pt em overprint sobre a cor mais clara.

7. O arquivo deve ser fechado em composite.

8. Lembre-se de incluir as fontes (100%) e os links na hora de gerar o PDF.

9. O arquivo deve ser fechado com as marcas de corte, sangramento, informações da página e com a área de 5 mm de sangramento. No caso de arquivo em cores, deve-se fechá-lo com as barras de cor.

10. Verifique a quantidade de páginas do livro: lembre-se de que os livros são impressos em cadernos múltiplos de 8, e, assim, a quantidade de páginas deve fechar cadernos, ou seja, ser múltipla de 8 (16, 32 ou 64 páginas). Consulte a editora para obter essa informação. Além disso, veja se não há páginas em branco no fim do livro.

11. Arquivos de verniz, faca ou qualquer acabamento devem ser enviados em PDFs separados em uma cor, com as mesmas linhas de corte e dobra do arquivo de impressão. Esse procedimento é comum para a produção de capas.

Editorial
Fechamento de miolo
Checklist
Cliente:
Trabalho:
Designer responsável:

	Miolo monocromático	Assinalar com √			
	Formato aberto:				
	Sangramento 3 mm:				
	Imagens todas em:	Gray		PB	
	Falsa folha de rosto – apenas título do livro				
	Folha de rosto				
	Título do livro | autor | logo da editora				
	Sumário – bater nº de página dos tópicos				
	Paginação e cabeços ok em todas as páginas				
	Página de Créditos				
	Ficha Catalográfica				
	ISBN				
	Logo e endereço da editora				
	Miolo ilustrado				
	Imagens | ilustrações				
	Resolução 300 DPI				
	Formato 1:1				
	CMYK	Gray		PB	
	JPG	TIF		PSD	
	Colofão				
	Tipografia principal corpo/entrelinha				
	Papel de miolo				
	Papel de capa				
	Gráfica				
	Data				

Checklist desenvolvido para
checar o envio de arquivos de
miolo para produção.

Editorial
Fechamento de capa
Checklist
Cliente:
Trabalho:
Designer responsável:

Formato aberto:				
2ª orelha:				
4ª capa:				
Lombada:				
1ª capa:				
1ª orelha:				
	Assinalar com √			
Sangramento (bleed) 3 mm				
Área de proteção (sludge) 10 mm				
Linhas de dobra em black 100% 0.5 pt tracejado 10 mm				
Seixo de 1,5 mm nas dobras das orelhas				
Marca da editora 1ª capa				
Símbolo da editora lombada				
Marca da editora 4ª capa				
Número do Código de barras ISBN fornecido pela editora				
Imagens				
Resolução 300 dpi				
Formato 1:1				
CMYK	Gray		PB	
JPG	TIF		PSD	
Textos em preto em overprint nas orelhas	4ª capa				
Áreas chapadas em preto calçadas com 40% cyan				
Cores especiais ou sem mistura - trapping de 0,2 pt (stroke overprint)				
Crédito da foto do autor				

Checklist desenvolvido para
checar o envio de arquivos de
capa para produção.

73

TRABALHANDO NO ARQUIVO DIGITAL

Geração de PDF diretamente do *preset* no Indesign.

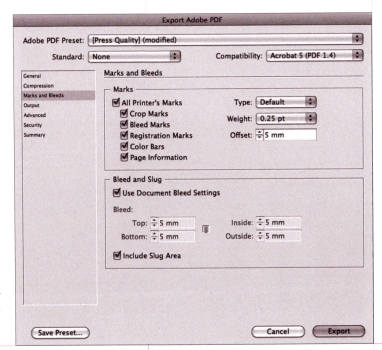

Geração de PDF diretamente do *preset* no Indesign.

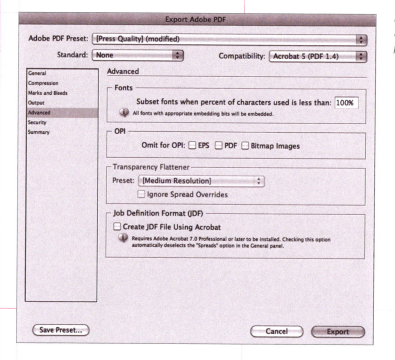

Geração de PDF diretamente do *preset* no Indesign.

Impressão de arquivo ps no Indesign para posterior geração de PDF no Acrobat Distiller.

Impressão de arquivo ps no Indesign para posterior geração de PDF no Acrobat Distiller.

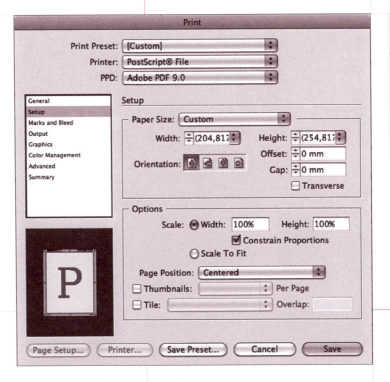

Impressão de arquivo ps no Indesign e posterior geração de PDF no Acrobat Distiller.

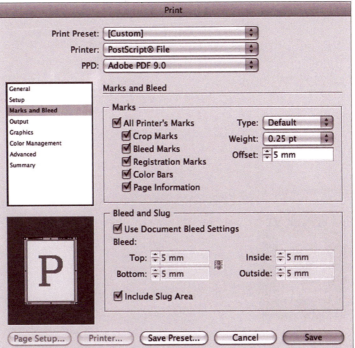

TRABALHANDO NO ARQUIVO DIGITAL

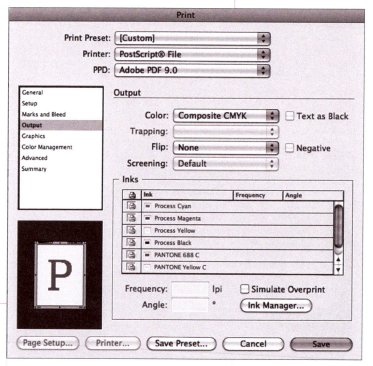

Impressão de arquivo ps no Indesign e posterior geração de PDF no Acrobat Distiller.

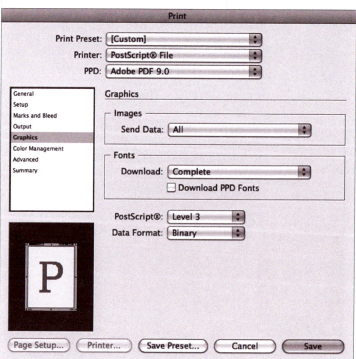

Impressão de arquivo ps no Indesign e posterior geração de PDF no Acrobat Distiller.

Impressão de arquivo ps no Indesign e posterior geração de PDF no Acrobat Distiller.

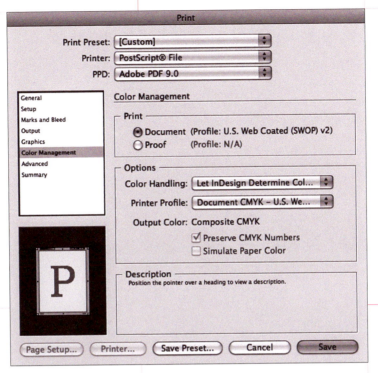

Impressão de arquivo ps no Indesign e posterior geração de PDF no Acrobat Distiller.

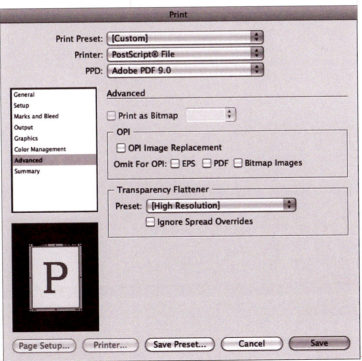

A CAPA DO LIVRO

Moema Cavalcanti, reconhecida designer, afirma que a capa é a embalagem do livro. Embora concorde com a afirmação, acredito que é uma embalagem diferente, por não fornecer dados exatos de seu conteúdo – medida, composição, contraindicações etc. – como uma embalagem usual. Ela sugere universos, temas, personagens, contextos históricos segundo a leitura, a interpretação e a criação de layout feita pelo designer.

O universo do projeto de capa é totalmente diferente do que trabalhamos no projeto de miolo. Apesar de precisarmos ter muito conhecimento técnico, também precisamos desenvolver intensamente nosso processo criativo. Para criar o projeto de uma capa de livro, o designer deve ter subsídios para fazê-lo, e é importante ter a capacidade de armazenar nossas referências. Tudo que lhe causar alguma impressão, seja um papel diferente, seja uma folha, uma pedra, um tecido, merece ser guardado para um dia talvez ser utilizado. O ideal é arquivar tudo digitalmente: escanear ou fotografar essas referências é uma boa saída. Além disso, guarde suas experiências sensoriais. A esse conjunto damos o nome de referências, e é com elas que o designer trabalha. O designer de capas precisa ter um bom arquivo de pastas para catalogar e buscar suas referências físicas/virtuais e outro arquivo na cabeça – nosso *imaginário*, este construído desde nossa infância.

Tudo o que vemos nos influencia: livros, exposições, filmes, fotografias, revistas, exposições de arte, o lugar onde vivemos, as tendências do design e da moda, tudo pode nos dar subsídios por meio do olhar.

Tudo o que ouvimos poderá ajudar no processo criativo. A música é um importante ingrediente criativo, e estilos de músicas diferentes podem criar uma identificação com determinado projeto.

Tudo o que você sente pode ser representado pelo projeto. Passar emoções também está em pauta. Nem sempre teremos oportunidade de fazê-lo, mas não desperdice essa chance. Na maioria das vezes, os temas podem não ser assim tão inspiradores e aí estão os grandes desafios: como fazer uma boa capa para um livro cujo conteúdo você não conheça ou que seja conflitante com suas verdades. O que fazer?

Que tal deixar, um pouco, o seu preconceito de lado?

O trabalho intelectual do designer é algo que nenhum valor cobrado pagará, até por não ter como medir o esforço de adquirir, mesmo de modo superficial e em pouquíssimo tempo, informações sobre temas tão diversos. Existem livros de negócios, autoajuda, livros técnicos em todas as áreas do conhecimento (medicina, engenharia, tecnologia, arte) que podem chegar às mãos do designer. E alguns podem nos deixar constrangidos em fazê-los. É preciso entender que o projeto é uma atividade profissional e que pede um distanciamento do nosso lado emocional. Claro que fazer a capa de um livro do seu cantor favorito é emocionante, mas você recusaria se fosse a biografia daquele sujeito detestável? Se for uma coisa que lhe agrida muito, sem dúvida você pode delicadamente declinar, dizer que está doente, sem tempo, algo assim. O objetivo do designer não é enganar ninguém, e, como o trabalho de projeto de capa é muito autoral, isso influencia. Quantas vezes passaremos por situações como essas? Muitas e muitas vezes... Com o tempo, aprendemos a lidar melhor com isso dentro de nós e até conseguimos não achar *tão* ruim aquele livro de autoajuda. Afinal, muitas pessoas precisam dele! Quando um editor resolve publicar um livro, sua visão vai muito além – ele enxerga aonde aquela mensagem poderá chegar. Se não houver essa flexibilidade, talvez seja difícil termos uma cartela grande e diversificada de clientes.

Uma das primeiras coisas que ouvi de um editor foi: "Olha, esse autor não é muito conhecido, e esse tema é muito hermético, então a capa precisa aparecer, o livreiro precisa ter vontade de colocá-la em destaque. A lombada, então, é importantíssima".

– A lombada? Sim, a lombada.

Em algumas ocasiões subestimamos a lombada, pois deixamos para resolvê-la na última hora. Na verdade, ela é que vai aparecer na maior parte do tempo, uma vez que a estante será sua morada.

Uma boa capa precisa ser de um "bom" livro? Mas o que é um "bom" livro afinal? O mais importante é a capa cumprir seu papel e agradar a você, ao editor e ao público – se um desses furar, significa que a capa não é tão boa quanto se imaginava. Se o designer não gostar é porque não ficou esteticamente, graficamente, plasticamente bem resolvida. Poderia ter ficado melhor. Se o editor não gostar, mas, pela pressa ou por alguma outra razão aprovar o layout e depois se decepcionar com o resultado impresso, não vai ter o mesmo entusiasmo para trabalhar o livro na imprensa, com o setor de marketing etc. Agora, se o público não gosta... o livro não vende, de quem será a culpa? Da capa, é lógico! (Ou de quem a projetou...) Isso não quer dizer que o livro venda apenas pela capa, mas é comum uma bela capa ganhar o cliente; quando damos um livro de presente, por exemplo.

No entanto, o que é uma boa capa?

Todos os dias encontramos novos livros e percebemos a qualidade do design editorial brasileiro. Temos excelentes designers e editoras que a cada dia vão depositando mais confiança no parceiro de criação de um bom livro.

O livreiro realmente escolhe o livro que será exposto na vitrine, e as editoras às vezes investem quando acham que o livro vale a pena. O trabalho do designer é uma construção diária, e devemos ter em mente que nem todas as nossas capas serão best-sellers ou estarão na vitrine, mas nem por isso serão maus projetos.

Os prêmios fazem bem e valorizam nosso ego, mas não devem ser uma obsessão; temos de trabalhar para obter bons resultados e ficar satisfeitos.

Eugênio Hirsh, grande mestre do design de capas no Brasil, dizia que a arte de capa não deve agradar, mas agredir. E ele fazia isso como ninguém!

Com tanta subjetividade, precisamos de um pouco de concretude

O que não pode faltar em uma capa?

Para começar, a capa do livro é composta de 1ª capa, 2ª e 3ª capas – que são a parte interna da capa –, 4ª capa, lombada e orelhas.

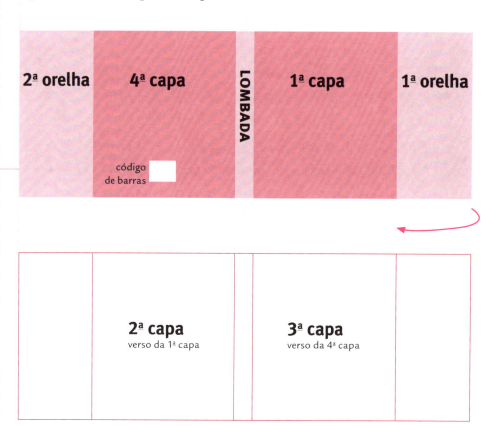

Informações que entram na primeira capa:

- autor;
- título/subtítulo/chamada;
- se o livro for ilustrado, entra o nome do ilustrador;
- logo da editora.

1ª capa

Autor

Título
Subtítulo

Chamada (*texto que promove a venda do livro: best-seller no NYT, mais de x milhões de exemplares vendidos etc.*)

Ilustrador

LOGO da editora

4ª capa

Texto promovendo o livro, resumo de um trecho ou recomendações escritas por especialistas na área.

código de barras

LOGO da editora

4ª capa:

- resumo/trecho do livro/recomendações de personalidades ou formadores de opinião sobre aquele livro;
- logo da editora;
- código de barras (ISBN).

Lombada:

- autor (em alguns casos, apenas o sobrenome);
- título do livro;
- logo da editora;
- a diferença entre as lombadas americana e francesa é o sentido da leitura. Na americana, o texto da lombada fica rotacionado à esquerda (mais bonito sobre a mesa) e na francesa (ou europeia), rotacionado à direita (mais fácil de ler nas prateleiras).

Orelhas:

- 1ª orelha: texto explicativo sobre o livro ou trecho do livro;
- 2ª orelha: texto sobre o autor, eventualmente com foto;
- assinatura do designer (depende da editora).

Estrutura

Como vimos, a estrutura que observamos nas capas se mantém, mas dependendo do livro, da importância do autor e da editora – se é mais conservadora ou arrojada – podemos ousar e criar novas hierarquias. Nomes de autores que vendem bem tendem a aparecer mais que o título do livro.

Imagem e ilustração

A produção da imagem que entrará na capa é, às vezes, uma preocupação e pode até atrapalhar na criação: e se não houver verba para produzir uma foto, ou para comprar uma foto no banco de imagem?

Podemos pensar na ilustração como boa alternativa, da maneira mais ampla possível: colagens, montagens, recortes. Na era digital, dificilmente não pensamos na fotografia. Com os smartphones mais acessíveis, podemos produzir imagens facilmente, e, como designers, podemos exercitar nosso olhar e produzir nossas próprias fotos.

Como nem sempre isso é possível, dá para tirar partido dos bancos de imagem a baixo custo, algumas são até gratuitas. Devemos sempre observar suas condições de uso, sendo necessário o crédito do fotógrafo e do banco de imagem. Se a imagem não for *royalty free,* pode haver restrições ao número de exemplares do livro, por exemplo. Atenção!

É bem importante arquivar todas as imagens que você venha a adquirir para montar seu banco pessoal. Além disso, os bancos pagos têm momentos de camaradagem e liberam imagens gratuitas com certa frequência. Sugiro fazer o download no maior formato possível. Caso opte por imagens gratuitas, prefira usá-las de base de ilustrações ou montagens fotográficas, pois, por serem gratuitas, talvez outras pessoas as escolham também para trabalhos totalmente diferentes – e isso pode dar uma "zebra" danada.

Nessa parte entra o que mencionei antes – aqueles seus guardados podem caber exatamente *naquela* capa. Portanto, vale a pena guardá-los em uma pastinha!

Sugestões de sites e portais[*]

http://www.bluevertigo.com.ar/bluevertigo.htm

http://www.istockphoto.com/

http://www.textureking.com/

http://www.cgtextures.com/

http://www.dreamstime.com/

http://www.aiga.org/

http://www.professionalpublish.com.br/

http://www.sxc.hu/

http://www.bn.br/portal/

[*]Ativos em 2018

O tipo certo para cada expressão

Os tipos "falam" e têm expressões peculiares, portanto cada um se caracteriza pelo seu desenho e pela sensação que transmite.

Um tipo clássico passará a ideia de um livro clássico, tradicional; um tipo moderno ou com desenho desconstrutivista terá aplicações exatas em capas com design que tenham a ver com o que ela quer transmitir – textos mais arrojados, contemporâneos e experimentais. O fato de termos milhares de fontes disponíveis atualmente não quer dizer que devemos usá-las a esmo, sem critério, só porque elas são "bonitinhas" – é preciso ter uma razão para isso. Além disso, devemos priorizar as famílias tipográficas bem desenhadas, completas (com acentos, sinais gráficos, variações como grifos e negritos etc.).

O tipo do título é parte do design e deve estar em harmonia com o conteúdo do livro.

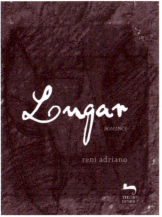

Lugar
Editora Tinta Negra
2010

Demônios
Editora Escrita Fina
2011

Todas as estrelas do céu
Editora Novas Ideias
2010

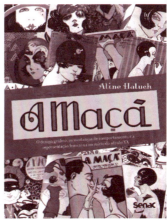

A Maçã: o design gráfico, as mudanças de comportamento e a representação feminina no início do século XX
Editora Senac Rio 2016

Montando a embalagem completa

O projeto de capa envolve:

- conceituação: trabalhada após a leitura dos originais;
- geração de ideias, brainstorming, geração de alternativas, rafes;
- primeiros estudos no computador: pesquisa de imagens, estudo tipográfico, primeiros layouts;
- definição dos layouts para apresentação – no máximo três – e posteriores ajustes;
- correções ou retrabalho;
- aprovação final da primeira capa e montagem da capa inteira.

Montagem

Após a definição da primeira capa, é preciso desenvolver a lombada, as orelhas e a quarta capa. Isso acontece quando recebemos do editor o texto que entrará na quarta capa e nas orelhas. Quando a medida da lombada estiver definida e nos forem enviados o ISBN e o código de barras, podemos fechar o arquivo de capa.

Design mundo cão
2AB Edito

Cuidados que devemos ter na montagem do arquivo final

As margens de segurança. É prudente deixar 1 cm de margem em torno do livro para o refile e, além disso, de 3 mm a 5 mm para sangramento.

As orelhas devem ter a medida mínima equivalente à metade da medida de capa – para uma capa com 16 cm, a orelha deverá ter 8 cm –, para um bom acabamento do livro; quando as orelhas são pequenas demais, elas tendem a abrir. Desse modo, a coluna do texto que entrará na orelha terá entre 5 cm e 6 cm, e o texto poderá estar alinhado ou justificado. O texto justificado facilita o ajuste do espacejamento entre palavras, mas "esburaca" caso não seja hifenizado – é uma decisão a ser tomada entre o designer e o editor.

Se o texto estiver em preto sobre fundo de cor, deverá estar em *overprint* (impressão sobreposta), para evitar assim problemas de registro e filetes brancos sob textos muito finos.

Atenção para preservar os itálicos e bolds do texto original: em programas de ilustração vetorial, ao mudarmos a fonte, às vezes esses estilos se perdem, o que não acontece nos programas de editoração. Títulos de livros e nomes de instituições têm sempre algum destaque – itálico ou bold – quando aparecem no texto de orelha ou quarta capa.

Use tipos que fiquem legíveis mesmo pequenos, pois os textos de orelha devem ter entre 9 e 11 pontos (dependendo do tipo, é claro!). Como a coluna da orelha será pequena, você poderá utilizar o texto alinhado à esquerda ou justificado e hifenizado para não haver problemas no espaço entre palavras.

No acabamento da orelha, deixe pelo menos 1,5 mm de *seixo* – que fica na dobra das orelhas e dá o acabamento da 1ª e da 4ª capas. Por exemplo, se a medida de sua capa for 16 cm x 23 cm, considere 16,15 cm x 23 cm para seu fundo de 1ª capa – esses 0,15 cm a mais serão o seixo para acabamento.

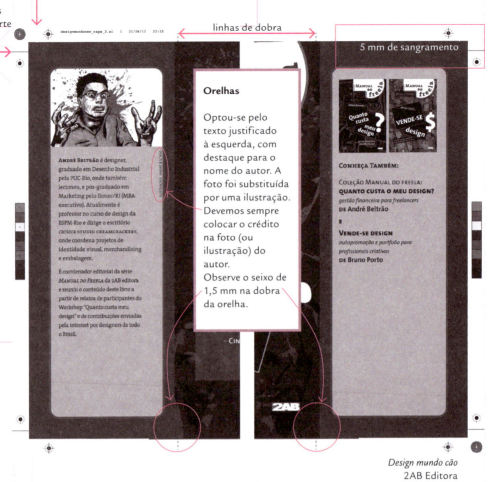

Design mundo cão
2AB Editora
2011

Foto do autor: caso seja utilizada, observar seu tamanho e sua resolução – e não se esqueça do crédito de autoria. Às vezes, recebemos a foto no tamanho correto, mas em 72 ppi, que não serve; para o processo offset, precisamos da foto no tamanho real e em 300 ppi!

Obs.: na lombada entra o nome do autor, o título do livro e o logo da editora. As editoras costumam ter duas assinaturas: uma para ser aplicada na capa e uma derivada da primeira para a lombada. Se e houver espaço na lombada, trabalhe-a muito bem. É importante que ela tenha boa visibilidade na prateleira da livraria (e, posteriormente, na casa do leitor).

Quarta capa

Na quarta capa, entram alguns textos que podem ser depoimentos de personalidades ou formadores de opinião no assunto do qual trata o livro. Podem ser ainda trechos do próprio livro e notícias que abonem o livro ou o autor.

Criado em 1967 e oficializado como norma internacional em 1972, o ISBN – International Standard Book Number – é um sistema que identifica numericamente os livros segundo o título, o autor, o país e a editora, individualizando-os inclusive por edição. O sistema é controlado pela Agência Internacional do ISBN, que orienta e delega poderes às agências nacionais. No Brasil, a Fundação Biblioteca Nacional representa a Agência Brasileira desde 1978, com a função de atribuir o número de identificação aos livros editados no país.

Em 1º de janeiro de 2007, o ISBN passou de dez para 13 dígitos, com a adoção do prefixo 978. O objetivo foi aumentar a capacidade do sistema devido ao crescente número de publicações, com suas edições e formatos.

fonte: http://www.isbn.bn.br/

O código de barras com o número do ISBN encontra-se na quarta capa, que merece atenção e nunca deve ser deixada de lado. É recomendável, ao projetar uma capa, trabalharmos a quarta capa ao mesmo tempo, usando elementos que enriquecerão o layout.

Os detalhes no acabamento da capa são muito importantes, pois é ali que aparece o diferencial técnico. Nos textos que não podem ficar em *overprint*, devemos aplicar o *trapping*, que é um contorno mínimo (0,144 pt) em *overprint* (*stroke overprint*) para que não haja filetes brancos em cores especiais justapostas ou cores justapostas que não tenham percentuais em comum.

As imagens devem estar na resolução correta (tamanho exato em que serão utilizadas e em 300 ppi), sempre em CMYK ou, no caso de cores especiais, separadas em canais de cor – essa preparação poderá ser feita no Photoshop ou, caso a imagem esteja em escala de cinza, poderá receber as cores especiais aplicadas diretamente no Indesign. Verifique sempre as cores que está usando em uma escala impressa, pois o computador, por mais que esteja calibrado, não retrata a cor exata da impressão, a escala impressa é a sua garantia. Utilizamos diversas escalas de referência: a Pantone para cores especiais; a Europa para cores de processo CMYK. Algumas gráficas fornecem escalas impressas, mas nem sempre são precisas.

ACABAMENTOS E RECURSOS GRÁFICOS

Dependendo do porte do projeto e da editora para a qual você está trabalhando, existem mais ou menos possibilidades de propor acabamentos especiais para a capa.

Acabamentos

Laminação

O acabamento básico é a laminação, que confere à capa durabilidade maior e bom acabamento, sem envolver altos custos. A laminação pode ser brilhante ou fosca e, para cada uma delas, devemos considerar alguns pontos importantes.

A laminação brilhante realça as cores e as imagens que estão sendo utilizadas na capa. Outra peculiaridade é a linguagem que a capa terá, mais reluzente, diferente da textura mate que a laminação fosca lhe confere.

A laminação fosca tem a característica de realçar a textura de papel da capa e proporciona um efeito mais agradável ao tato. O cuidado que devemos ter na laminação fosca é com a redução da luminosidade das cores, inclusive do branco, que não reflete tanto a luz como na laminação brilhante. Sabendo disso, devemos estar atentos aos percentuais de cor que utilizamos, principalmente quando queremos cores mais vibrantes. O ideal é utilizarmos percentuais mais próximos às cores puras – por exemplo, para um vermelho mais escuro usar 100% de magenta + 100% de amarelo + 15% de cyan em vez de preto para fechar a cor. Não devemos escurecer demais as cores da capa ou as imagens a ponto de perder detalhes.

Outro cuidado importante é com a proximidade de percentuais de cor quando queremos o efeito tom sobre tom. Por exemplo: ao utilizarmos um fundo em 100% da cor e aplicarmos algum detalhe em 90% da mesma cor, provavelmente essa diferença será quase imperceptível se receber laminação fosca. Mesmo que no monitor a cor tenha uma diferença razoável, o resultado final poderá ser ruim. Mais uma vez, é importante ter uma escala impressa para comparar os percentuais, pois as diferenças que aparecem no monitor podem não ser fiéis quando impressas.

Vernizes

Além da laminação, um recurso bastante utilizado é o verniz, principalmente o *high gloss*, que se popularizou entre os acabamentos gráficos. O verniz pode ser aplicado com base em um arquivo PDF separado, no qual estarão todos os detalhes que receberão o acabamento – esse procedimento é chamado verniz localizado ou "de reserva". Como todo acabamento, requer cuidados no uso. O verniz *high gloss* funciona bem em cores fortes e imagens, também funciona bem quando queremos usá-lo como textura de brilho e ele cria um desenho independente. Por outro lado, se tivermos um título muito delicado vazado em branco, o efeito desaparece. A combinação de verniz *high gloss* e laminação fosca funciona bem e é uma boa alternativa de acabamento.

Outro cuidado que deve ser tomado na aplicação do verniz é nas áreas de dobra. Se aplicarmos verniz chapado sem deixar uma área isolada para a dobra, ele vai quebrar no vinco de manuseio, nas áreas de dobra das orelhas e lombada. Devemos lançar mão do verniz em áreas bem definidas da capa e em detalhes, sem usá-lo chapado na capa toda e evitando, principalmente, as áreas de dobra.

Existem diversos tipos de vernizes disponíveis no mercado, e tudo dependerá do quanto a editora está disposta a investir no livro. Há, por exemplo, vernizes texturizados, que podem dar uma aspereza na capa e que exigem muito cuidado no acabamento. Existem também impressões feitas em papel vegetal, em acetato, em papel micro-ondulado e em papéis especiais. Mais uma vez, o verniz está diretamente ligado ao conceito da obra, portanto não o utilize sem motivo.

Relevos

Os relevos são recursos que podem ter um efeito elegante e diferenciado. Para que funcionem bem, devemos ter cuidado na escolha do papel, que poderá ser um Cartão 240 g/m². Eles são feitos em clichês metálicos com o desenho que se deseja imprimir. O relevo não é um procedimento barato e vale a pena quando utilizado em tiragens maiores. A combinação de relevo e outros acabamentos, como verniz ou *hot stamping* e laminação, é excelente.

Hot stamping

O *hot stamping* é bastante associado ao relevo, pois também precisa do clichê para sua aplicação, que é feita com calor. Trata-se da aplicação de uma fita metálica (que hoje em dia está disponível em diversas cores) que, com a ação do calor e pressão do clichê, transfere essa superfície metálica para o papel. Muito utilizado em títulos de livros, o *hot stamping* tem associados a ele nobreza e brilho.

Facas especiais

Outro recurso que pode ser utilizado é a faca com corte especial. As facas valorizam muito a capa. Podemos utilizar o verso das orelhas para criar efeitos de cor e volume. Assim como o relevo, é um recurso com alto custo utilizado preferencialmente em grandes tiragens ou em edições especiais.

Quando temos oportunidade de trabalhar com editoras que facultam o uso desses acabamentos, devemos utilizá-los com criatividade e arrojo, de maneira que seja uma rica solução de design, e não apenas um adereço. Lembre-se: luxo não é sinônimo de design.

Tipos de capa

Brochura

O miolo do livro é montado e costurado em cadernos e colado na parte interna da lombada da capa, à primeira e à última página do livro. Esse tipo de capa não recebe acabamentos de folhas de guarda. Pode ter orelhas ou não. A capa com orelhas é mais estruturada e bem acabada. A capa sem orelhas tem um custo de produção bastante reduzido, pois o livro pode ser refilado de uma só vez, nos três lados. A capa brochura poderá ser colada diretamente em um miolo que não seja costurado, com a cola PUR – adesivo à base de poliuretano ativo de alta resistência física e química e de elevado poder de colagem. No entanto, esse acabamento não tem a mesma durabilidade do miolo costurado, pois a cola tende a ressecar com o tempo e as folhas do livro podem se soltar.

Capa dura

A estrutura da capa é montada com papel encorpado, geralmente papel Paraná. A capa é impressa em papel couché e reveste o papel Paraná. A capa dura não é colada na lombada e precisa ser feita com muito cuidado no acabamento. A folha de guarda é colada na parte interna da capa e na área de manuseio do miolo. O arquivo de confecção desse tipo de capa deve ser feito com margens de 3 cm a 4 cm além da medida do livro para acabamento. As capas duras não têm orelhas.

Capa flexível

A capa flexível é uma alternativa recente, um meio-termo entre a capa dura e a brochura. Ela também é impressa em papel-cartão de alta gramatura e montada como se fosse a capa dura, mas sem o papel Paraná. A montagem também é feita com folhas de guarda e sem cola na lombada. As capas flexíveis podem ou não ter orelhas.

Sobrecapas

As sobrecapas podem ser feitas em qualquer papel diferenciado, em materiais como acetatos ou qualquer outro que venha a ser pensado pelo designer e pelo editor, e que se preste à função. Quando estamos criando, devemos pensar em alternativas ousadas e que possam até parecer malucas, pois delas podem derivar soluções inteligentes e adequadas ao projeto.

Papéis para impressão

Os papéis para impressão de miolo são específicos para esse fim. São os chamados papéis editoriais, que têm isenções especiais de determinados impostos, dadas como incentivo para baratear os custos de impressão. Os mais utilizados são o altaprint, o offset, a linha pólen da Suzano e os couchés (para materiais que necessitem de alta qualidade de impressão, como os livros ilustrados). Hoje dispomos de uma grande variedade de papéis, inclusive estrangeiros, mas alguns são de uso mais comum pelo acabamento e preço.

Para a impressão de capa, os papéis mais utilizados são os cartões tríplex em diversas gramaturas, que vão de 240 g/m² a 300 g/m², com ótima qualidade de impressão e acabamento branco nas duas faces.

O uso de cores especiais

Para a maioria das capas, devemos considerar que a policromia é o processo de impressão preferido pelas editoras. Apesar de, às vezes, pensarmos que capas com apenas duas ou três cores serão mais baratas para produzir, isso nem sempre é verdadeiro. Para a maioria das gráficas que imprimem capas ou que produzem o livro inteiro, o processo da policromia não sai do normal e, portanto, barateia a produção. Capas que recebem cores especiais exigem da gráfica a disponibilidade de imprimir em determinada máquina que não a sua 4 cores, então é necessário também maior controle para ter a fidelidade de cor nas diferentes edições daquele livro. Isso não quer dizer que **nunca** poderemos usá-las.

Sabemos que determinadas cores só são alcançadas com as cores especiais, e, se for esse o caso, o editor terá de aprovar verba para seu uso.

Brevíssima consideração sobre o projeto editorial para e-books

Muitos e-books ainda são meras adaptações de projetos de livros já existentes para os formatos ePub e PDF.

Com a demanda de livros para os leitores eletrônicos, há novas perspectivas profissionais e mudanças na linguagem do livro como produto visual.

Os leitores eletrônicos têm particularidades diferentes do livro impresso, como luminosidade e brilho, fatores que muitas vezes incomodam os consumidores menos habituados. Para isso, fontes têm sido projetadas para uma leitura mais agradável e confortável e de características diferentes das impressas no papel, no caso dos livros.

Uma discussão interessante é sobre quem será esse profissional que projetará os novos livros no formato e-book; se um designer que já projeta livros impressos e migrará para projetos de livros eletrônicos, ou um profissional com uma visão voltada para a visualidade da tela do computador – web designer, programador etc.

No Indesign, ferramentas surpreendentes podem ser usadas com muita facilidade pelos designers, mesmo por aqueles que não têm intimidade com a programação em código. Os novos formatos de programação também se mostram mais amigáveis para aqueles que têm receio de, em vez de designers, tornarem-se programadores. As publicações eletrônicas já se tornaram uma especialidade do design. A nova geração de designers que domina as linguagens mistas do webdesign e da programação tem o desafio de aplicá--las aos projetos de design de publicações.

Os conhecimentos técnicos que o designer editorial precisa ter hoje em dia, de diagramação, fechamento de arquivos e produção gráfica, deverão ser enriquecidos com os conhecimentos de HTML, CSS e do próprio Indesign, voltado para publicações eletrônicas. Quando iniciamos um curso de criação de publicações para ePub, com o craque Felipe Santos, o Indesign se mostrou algo novo! Eram tantas as possibilidades completamente ignoradas que isso me assustou. Não fui adiante nos projetos de livros eletrônicos, mas confesso que foi uma opção bastante consciente, preferi continuar projetando meus livros em papel.

Os leitores eletrônicos têm características específicas, e uns deverão ter projetos diferentes de outros, como o iPad ou o kindle, por exemplo. O importante, a meu ver, é considerar os princípios do design de publicações, como a harmonia entre tamanho do tipo, entrelinha e mancha de texto; as adaptações aos tipos desenvolvidos para web, que são muitos atualmente; as cores que podem tornar a leitura menos cansativa na tela; e as possibilidades de uma nova experiência que o ePub disponibiliza, como conteúdo interativo, inserção de animações e de som, hipertextos etc.

Há alguns cursos voltados para a publicação de epubs, e podem ser presenciais ou on-line.

O importante é que as editoras compreendam a necessidade de ter um profissional tecnicamente capacitado para desenvolver novos produtos, e não ficar apenas adaptando o que já existe no mercado editorial.

CONCLUSÃO

O designer e o editor se relacionam com o objetivo de uma parceria duradoura. Para o editor é muito bom poder confiar no designer, pois ele tem seu planejamento feito com antecedência. Para que esse processo de confiança aconteça, o designer deve fazer jus: ele tem de cumprir prazos, saber o que está fazendo e, principalmente, buscar o aprimoramento constante da sua formação. Isso vale para a atuação em qualquer área do design. Precisamos estar por dentro dos novos processos de produção, dos novos softwares, materiais, enfim, tudo que faça parte do nosso universo de trabalho. E, no caso do designer de livros e capas, devemos amar os livros, cultivar o hábito da leitura e da observação desse objeto que nos acompanha desde criança, que já ajudou a fazer revoluções, que sustenta religiões, que provoca a ira de alguns... O livro nos faz sonhar por meio de histórias comoventes, engraçadas, irônicas, assustadoras, e nossa responsabilidade é cultivar o leitor que vai sonhar com todas as histórias que ainda estão por ser contadas e recontadas.

REFERÊNCIAS

A REVISTA NO BRASIL (2000). São Paulo: Abril. 249 p.

ARAÚJO, Emanuel (1986). *A construção do livro*. Rio de Janeiro: Nova Fronteira e INL/ Pró-memória, 3. ed. 674 p.

BRINGHURST, Robert (1992) [2005]. *Elementos do estilo tipográfico* (versão 3.0). Tradução: André Stolarski. São Paulo: Cosac Naify.

CARTER, Rob (1997). *Diseñando con tipografia; Libros, revistas, boletines*. Barcelona: Rotovision, 1ª reimpressión. 159 p.

COSTA FERREIRA, Orlando da (1994). *Imagem e letra; introdução à bibliologia brasileira; a imagem gravada*. São Paulo: Edusp. 509 p.

CRAIG, James; BARTON, Bruce (1987). Thirty centuries of graphic design – An illustrated survey. Nova York: Watson-Guptill Publications.

CARDOSO, Rafael (org.) [2005]. *O design brasileiro antes do design*. São Paulo: Cosac Naify.

DENIS, Rafael Cardoso (2000). *Uma introdução à história do design*. São Paulo: Edgard Blücher. 240 p.

FERLAUTO, Claudio; JAHN, Heloisa (1998). *O livro da gráfica*. São Paulo: Hamburg Gráfica e Editora. 96 p.

HALLEWELL, Laurence (1985). *O livro no Brasil* (sua história). São Paulo: Edusp.

HASLAM, Andrew (2006). *Book design*. Londres: Laurence King Publishing Ltd.

HENDELL, Richard (2003). *O design do livro*. Cotia: Ateliê Editorial. 224 p.

JOBLING, Paul; CROWLEY, David (1996). *Graphic design: reproduction and representation since 1800*. Manchester: Manchester University Press. 296 p.

LIMA, Guilherme S. da Cunha (1977). O gráfico amador: as origens da moderna tipografia brasileira. Rio de Janeiro: Ed. UFRJ.

LUPTON, Ellen (2006). *Pensar com tipos: guia para designers, escritores, editores e estudantes*. São Paulo: Cosac Naify. 182 p.

PAULA, Ademar A. de; NETO, Mario Carramillo (1989). *Artes gráficas no Brasil: registros 1746-1941*. São Paulo: Laserprint. 168 p.

PORTA, Frederico (1957). *Dicionário de artes gráficas*. Rio de Janeiro: Editora Globo.

SAMARA, Timothy (2007). *Grid: construção e desconstrução*. São Paulo: Cosac Naify. 208 p.

SODRÉ, Nelson Werneck (1999). *História da imprensa no Brasil*. 4. ed. (atualizada), Rio de Janeiro: Mauad. 501 p.

SPIEKERMANN, Erik; GINGER, E. M. (1993). *Stop Stealing Sheep & find out how type works*. Mountain View, California: Adobe Press. 174 p.

SÜSSEKIND, Flora (1987). *Cinematógrafo de letras: literatura, técnica e modernização no Brasil*. São Paulo: Companhia das Letras. 170 p.

TSCHICHOLD, Jan ((2007). *A forma do livro: ensaios sobre tipografia e estética do livro*. Cotia: Ateliê Editorial. 224 p.

TWYMAN, Michael (1982). *The graphic presentation of language*. Information Design Journal, vol. 3 (1), Grillford Ltd, Stony Stratford, Milton Keynes, UK, 2-22.

TWYMAN, Michael (1985). "Using pictorial language: a discussion of the dimensions of the problem." In: DUFTY, T.; WALLER, R., *Designing Usable Tets*. New York: Academic Press, ch. 2. pp. 245-312.

Este livro foi composto na tipografia Scala Serif, ITC Legacy Sans
e Tarzana Narrow, por Studio Creamcrackers, e impresso pela Coan
Indústria Gráfica Ltda., em papel *offset* 120 g/m², para a Editora
Senac Rio, em novembro de 2018.